Roman Herzog
Wider den Kampf
der Kulturen
Eine Friedensstrategie
für das 21. Jahrhundert

Herausgegeben von
Theo Sommer
Mit einem Geleitwort von
Helmut Schmidt

Mit Beiträgen von
Amitai Etzioni, Hans Küng,
Bassam Tibi und Masakazu Yamazaki

S. Fischer

Die amerikanische Originalausgabe erschien 1999
unter dem Titel ›Preventing the Clash of Civilizations‹
bei St. Martin's Press, New York
Für die Zusammenstellung der Texte:
© St. Martin's Press, New York 1999
Wir danken dem Bundespräsidialamt für die Bereitstellung der Texte
Die Beiträge von Amitai Etzioni, Bassam Tibi und Masakazu
Yamazaki wurden aus dem Amerikanischen übersetzt von
Tatjana Eggeling und Klaus Binder
Satz: Fotosatz Otto Gutfreund GmbH, Darmstadt
Druck und Einband: Clausen & Bosse, Leck
Printed in Germany
ISBN 3-10-030210-9

Inhalt

Helmut Schmidt
Geleitwort

Die Geschichte lehrt, daß viele Konflikte und Kriege zwischen Stämmen, Völkern, Städten, Staaten
und Reichen aus Mischungen von Motiven entstanden sind. Zumeist waren ökonomische und politische Motive, Ehrgeiz und Streben nach Machtge-
winn die entscheidenden Ursachen der Kriege. Dabei
haben Religionen den kriegführenden Parteien oft
als Rechtfertigung herhalten müssen. Aber oft
genug haben Priester und religiöse Autoritäten und
Körperschaften Konflikte und Kriege willentlich
gefördert oder sogar verlangt; die von den Päpsten
ausgelösten Kreuzzüge des Mittelalters – gegen
Muslime oder schlechthin gegen den Islam gerichtet
– sind herausragende Beispiele.

Politische Herrschaftsformen, ökonomische und
soziale Verhaltensweisen haben sich seit mindestens
5000 Jahren an vielen Orten der Welt mit religiösen
und geistigen Entwicklungen zu spezifischen Kulturen verdichtet. In der Neuzeit haben politische Philosophien und Ideologien zum Teil die Religionen
verdrängt und deren Stelle eingenommen. Die
militärisch erzwungene Kolonisation fast der
ganzen Welt seit Ende des Mittelalters war ein Vor-
läufer, der russisch geprägte Weltkommunismus
war eines der bisher letzten Beispiele. Manche Krie-

ge hat man nachträglich als Konflikte zwischen Kulturen (oder englisch-amerikanisch: civilisations) interpretiert.

Auch für die Zukunft sind Konflikte zwischen Kulturen oder Zivilisationen denkbar – wer warnend solche Möglichkeiten aufzeigt, erwirbt sich ein Verdienst. Wer jedoch Kriege zwischen Zivilisationen für unvermeidlich erklärt und andere zur Vorbereitung auf einen solchen Konflikt anstiftet, der versündigt sich an der Menschheit.

Die Gleichzeitigkeit der anhaltenden Bevölkerungsexplosion in Asien, Afrika und Ibero-Amerika einerseits und andererseits der Globalisierung von Information, Technologie und Wirtschaft bringt Völker und Staaten in engere Berührung und Verflechtung miteinander als jemals vorher in der Geschichte. Auch werden die Menschen in großen Städten zusammengeballt. Der Raum pro Person hat sich bereits auf gut vier Prozent jener Fläche reduziert, die zur Zeit Jesu von Nazareth auf der Erdoberfläche verfügbar gewesen ist; in fünfzig Jahren werden es weniger als drei Prozent sein. Deshalb wächst die Gefahr von Kriegen.

Es ist eine der großen Tragödien der Menschheit, daß Mullahs, Rabbis und Priester fast überall versäumt haben, ihre Gläubigen zur Toleranz gegenüber anderen Religionen aufzurufen und zu erziehen. Im Gegenteil: In allen Weltreligionen – Hinduismus und Buddhismus eingeschlossen – wird von allzu vielen Menschen eine feindselige Haltung gegen Andersgläubige verbreitet. Die Menschheit braucht deshalb in allen Religionen und in allen

Völkern Geistliche und Lehrer, die uns zum Respekt und zur Toleranz gegenüber anderen Religionen und Kulturen ermahnen. Respekt setzt Kenntnis der anderen Seite voraus. Ein Minimum an Wissen wäre schon erreicht, wenn nur jedermann die Tatsache lernen und verstehen würde, daß *alle* Weltregionen die gleiche »Goldene Regel« lehren, nämlich: Verhalte dich gegenüber anderen nur so, wie du wünschst, daß die anderen sich dir gegenüber verhalten.

Wenn wir darüber hinaus lernen würden, wie sehr die grundlegenden moralischen Lehren der Weltreligionen übereinstimmen – und außerdem: daß überall, und jedenfalls bei uns selbst in hohem Maß gegen diese moralischen Regeln verstoßen wird –, dann würde ein besserer Boden für Toleranz und Kompromiß entstehen. Deshalb hat Roman Herzog recht.

Vorwort zur amerikanischen Ausgabe

Dieses Buch stellt die Artikel und Reden des Präsidenten der Bundesrepublik Deutschland, Roman Herzog, zu den interkulturellen Beziehungen vor. Es enthält darüber hinaus Kommentare von vier namhaften Wissenschaftlern – Amitai Etzioni, Hans Küng, Bassam Tibi und Masakazu Yamazaki. Ihr gemeinsames Anliegen ist es, zu verhindern, daß der »Kampf der Kulturen« zur Realität wird. Da dieses Szenario als intellektuelle Projektion bemerkenswerten Einfluß auf die politischen Eliten hat, ist die Mobilisierung der Idee der friedlichen Kooperation als ausgleichende Kraft gegen Neigungen zu Konflikt und Gewalt naheliegend.

Natürlich unterscheidet sich der Blickwinkel eines Staatsmannes von dem eines Wissenschaftlers. Ein Staatsoberhaupt wird eine eher normative und strategische Auffassung davon haben, wie sich die Realität in der Zukunft entwickeln sollte, während der Wissenschaftler eher darauf ausgerichtet ist, seinen Forschungsgegenstand so zu analysieren, wie er ist. Im Falle dieses Buches ist der Staatsmann auch ein Wissenschaftler (Professor für Rechtswissenschaften) von Beruf und aus Neigung, und die kommentierenden Wissenschaftler sind nicht nur für ihre analytischen Einsichten, sondern auch für ihr normatives Engagement bekannt. Es liegt nahe, daß unser Ziel die Verbindung theoretischer und politischer Aussagen ist.

Es ist wichtig zu wissen, daß der deutsche Bundespräsident keine exekutive Macht innehat und daher darauf achten muß, die außen- wie innenpolitischen Zuständigkeiten seiner Regierung nicht zu beeinträchtigen. Aber in den fünfzig Jahren des Bestehens der Bundesrepublik Deutschland haben die Bundespräsidenten geradezu ein Muster entwickelt, ihr Recht auf freie Meinungsäußerung dazu zu nutzen, die Aufmerksamkeit der Öffentlichkeit auf langfristige Probleme der Politik, der Wirtschaft, der Gesellschaft und der Kultur zu lenken. Auf diese Weise haben es einige Bundespräsidenten in einem beachtlichen Maße zu dem gebracht, was man in der Politikwissenschaft »soft power« nennt.

Bundespräsident Herzog hat nach dem Zusammenbruch der bipolaren Weltordnung ein starkes Interesse an der Renaissance der Kulturen entwickelt. Gleichzeitig hat er zahlreiche Anlässe dazu genutzt, die Gemeinsamkeiten zwischen den Kulturen zu betonen, um für eine Strategie zur Vermeidung interkultureller Konflikte zu werben. In seiner Eröffnungsansprache zum Weltwirtschaftsforum Davos im Januar 1995 erklärte er zum ersten Mal das grundlegende Konzept seiner »Diplomatie der interkulturellen Verständigung«:

Oft heißt es, gemeinsame Institutionen seien ohne gemeinsame Zivilisation nicht möglich und eine solche Zivilisation gebe es nicht. Ich setze dem die These entgegen, daß es sie – ja sogar weitgehend – doch gibt. Die viel beschworenen »clashes of civilisations« sind nicht »clashes« zwischen buddhistischen, christlichen, konfuzianischen, hinduistischen, islamischen und anderen Religionen, sondern zwischen Fundamentalismus und Aufklärung, zwischen Dogmatismus und Pragmatismus, zwischen zivilisiertem Verhalten und unzivilisiertem Verhalten innerhalb jeder dieser Kulturen. Nur wenn die zivilisierten Mehrheiten aller Länder und aller Kulturen ihre fundamentalistischen Minderheiten auf Dauer gewähren ließen, nur dann könnte das Szenario des globalen Kulturkampfs Wirklichkeit werden.

Die universelle Zivilisation ist durch ein ethisches Minimum identifizierbar, das alle Kulturen verbindet. In der Charta der Vereinten Nationen und der Menschenrechtskonvention von 1948 findet es bereits einen hochentwickelten Ausdruck. Auch Kants kategorischer Imperativ schließt es ein. Es gibt aber auch ein Sprichwort, das fast alle Menschen auf der Welt kennen. Es ist die Goldene Regel, die sich bei Konfuzius, den ethischen Grundregeln der Buddhisten und im indischen Nationalepos Mahabharata ebenso wiederfindet wie in der Bibel: »Was du nicht willst, das man dir tu', das füg auch keinem anderen zu.« Als die Vereinten Nationen nach dem Ende des Zweiten Weltkrieges gegründet wurden, meine Damen und Herren, da wußte jeder, was gemeint war. Die Risiken, mit denen wir es heute zu tun haben, sind kaum geringer. Beherzigen wir also die Goldene Regel, die dem Eigeninteresse und der Moral gleichermaßen entspricht. Wir haben noch keine bessere gefunden.

Mit diesem Konzept als Leitlinie hat Bundespräsident Herzog seine gedankliche Diplomatie auf Staatsbesuchen in Ländern verfolgt, die sich mit einer oder mehreren großen Kulturen dieser Welt identifizieren. Sowie mit Ansprachen über interkulturelle Themen zu Hause und im Ausland, mit der Veröffentlichung von Artikeln und Büchern und schließlich mit der Initiative für eine gemeinsame Schirmherrschaft von acht westlichen und islamischen Staatsoberhäuptern über ein Netzwerk wissenschaftlicher Institute, die sich für das Verständnis zwischen islamischen und westlichen Kulturen einsetzen.

In den ersten sieben Kapiteln dieses Buches werden einige Schritte dieser Diplomatie weniger in chronologischer Reihenfolge als vielmehr in Form von Antworten auf herausragende Fragen der interkulturellen Beziehungen vorgestellt. Daher erscheint es sinnvoll, einen kurzen chronologischen Überblick über diese Schritte zu geben.

In einer Ansprache an Studenten der Universität in Islamabad würdigte Bundespräsident Herzog, während seines Staatsbesuchs in Pakistan im April 1995, die wichtigen Beiträge des Poeten und Philosophen Mohamed Iqbal und den Gründer des modernen Pakistan, Jinnah, für die Verbreitung von Toleranz und Demokratie (Kapitel 1).

Im Juli 1995, anläßlich eines Abendessens zu Ehren des Präsidenten der Volksrepublik China, Jiang Zemin, erinnerte er daran, daß Konfuzius und Sokrates im gleichen Jahrhundert gelebt haben und sich beide, obwohl sie nichts voneinander wußten, mit den gleichen Fragen auseinandersetzten: der Menschlichkeit, der Vernunft, dem Streben nach Wissen, der Unterscheidung zwischen Gut und Böse und dem Bedürfnis, Ungerechtigkeit und Gewalt zu bezwingen. Er gratulierte dem chinesischen Außenminister dazu, auf einer Konferenz im Mai 1995 Chinas südostasiatischen Nachbarn versichert zu haben, daß Chinas Außenpolitik von derselben »Goldenen Regel« geleitet sein werde, für deren

Beachtung er vier Monate zuvor in Davos geworben hatte (Kapitel 4).

Im Oktober 1995 wurde Bundespräsident Herzog gebeten, eine Laudatio anläßlich der Verleihung des Friedenspreises des Deutschen Buchhandels an Frau Professor Annemarie Schimmel zu halten, eine der renommiertesten westlichen Gelehrten der islamischen Literatur und Philosophie. Er nutzte die Gelegenheit, die intellektuelle Elite Deutschlands und anderer westlicher Länder davor zu warnen, sich von westlichen Feindbildern des Islam irrreleiten zu lassen und plädierte für einen Dialog der Kulturen als Alternative zum globalen Krieg der Kulturen (Kapitel 2).

Im September 1996 veröffentlichte Bundespräsident Herzog einen Artikel über die kulturübergreifende Gültigkeit der Menschenrechte in der Wochenzeitung *Die Zeit*. In diesem schlug er vor, zwischen einem »Kernbereich der Menschenrechte« zu unterscheiden (wie Schutz vor Folter, Sklaverei, Diskriminierung aufgrund von Glauben, Rasse etc.), der universell anerkannt sein sollte, und einem weiter gefaßten Bereich sozialer und wirtschaftlicher Rechte, die kulturellen Abweichungen überlassen sein sollten. Dieser Artikel ebnete den Weg für eine offene Diskussion über die Thematik der Menschenrechte zwischen der chinesischen Führung und Roman Herzog bei dessen Staatsbesuch in China im November 1996 (Kapitel 3).

Im April 1997 stattete Bundespräsident Herzog Malaysia und Japan Staatsbesuche ab. In Kuala Lumpur nahm er an einem Kolloqium am Institute for Islamic Understanding teil, wo die Möglichkeit des Entstehens einer universellen Zivilisation erörtert wurde, die von Beiträgen aller Kulturen getragen sein würde (Kapitel 5). In seiner Rede vor Professoren und Studenten der Waseda University in Tokio betonte er die pragmatische Harmonie von Konfuzianismus, Buddhismus, Shintoismus und sogar Christentum im Leben einzelner Japaner und in japanischen Haushalten, um die angebliche Unvermeidlichkeit des Konflikts zwischen den Kulturen zu widerlegen. Auch reflektierte er über die gemeinsamen Konfliktpunkte der deutschen und der japanischen Gesellschaft als Folge demographischer Entwicklung und schlug die Anwendung der »Goldenen Regel« auf die Beziehung zwischen den Generationen vor (Kapitel 4).

Im September 1998 bot ein Staatsbesuch in Südkorea Bundespräsident Herzog die Gelegenheit, den koreanischen Präsidenten Kim Dae Jung für seinen langen Kampf um Demokratie in Korea sowie für dessen überzeugendes Argument zu ehren, daß Demokratie keine bloß westliche Errungenschaft ist, sondern auch im asiatischen Kulturkreis autonome Wurzeln hat. Er legte dar, wie Marktwirtschaft und Demokratie sich in einer kulturell-pluralistischen Welt gegenseitig stärken können (Kapitel 6).

Als Roman Herzog den Weltwirtschaftsgipfel in Davos im Januar 1999 zum zweiten Mal eröffnete, zeichnete er schließlich das Bild einer Welt, in der transnationale, nationale und multilaterale Akteure es in ihrem eigenen Interesse sehen würden, einem Imperativ der Verantwortung für ein entstehendes globales politisches System zu folgen. Er betonte die Bedeutung des interkulturellen Dialogs zur Erlangung dieses Ziels. Insbesondere lobte er den iranischen Präsidenten Mohammad Chatami für dessen Aufruf an die islamischen Gesellschaften, sich nicht in einer Festung der Tradition zu verbarrikadieren, sondern sich der modernen Welt zu öffnen, ohne dem ungezügelten Materialismus zum Opfer zu fallen. Er rief zur weltweiten Unterstützung für Präsident Chatamis Aufruf zu einem Dialog der Religionen und für dessen Intiative für ein »Internationales Jahr des Dialogs« auf (Kapitel 7).

Der zweite Teil dieses Buches beabsichtigt, zur Debatte über die von Bundespräsident Herzog angesprochenen Themen einzuladen. Die vier Wissenschaftler, die sich zu Beiträgen bereit erklärt hatten, haben völlig unterschiedliche kulturelle Herkünfte und akademische Disziplinen. Es gibt selbstverständlich wichtige Punkte, bei denen sie weder untereinander noch mit Bundespräsident Herzog einer Meinung sind. Bemerkenswert ist dennoch, daß sie sich alle darüber einig sind, daß die öffentliche Debatte neuer Orientierung bedarf, um zu verhindern, daß das Szenario vom Kampf der Kulturen zur *self-fulfilling prophecy* wird.

Amitai Etzioni, amerikanischer Politikwissenschaftler und führende Stimme des Kommunitarismus, lotet die Tiefe der Spannungen zwischen kultureller Andersartigkeit und universalen moralischen Werten aus. Er zeigt, daß die notwendige Anerkennung des kulturellen Pluralismus keinen moralischen Relativismus rechtfertigt. Andererseits

betont er, daß keine Kultur das Monopol moralischer Forderungen an andere Länder besitzt. Wie
Bundespräsident Herzog glaubt er an einen Zusammenhang zwischen ökonomischer und politischer
Entwicklung und daran, daß offene Gesellschaften
auf der ganzen Welt sehr viel besser gedeihen als
geschlossene Gesellschaften (Kapitel 8).

Hans Küng, deutscher Theologe und unermüdli-
cher Vermittler zwischen christlichen Konfessionen
ebenso wie zwischen den großen Weltreligionen,
beginnt damit, Samuel Huntington, dem Autor von
»Kampf der Kulturen«, Gerechtigkeit widerfahren
zu lassen. Er merkt an, daß es letztlich das Verdienst
dieses Szenarios sei, die Aufmerksamkeit auf die
Bedeutung der Religionen in der Weltpolitik gelenkt
zu haben. Andererseits kritisiert er das Szenario als
ein Modell von Macht und Konflikt in der Tradition des politischen Realismus, das nicht ausreichend
die Möglichkeit alternativer Weltsicht berücksichti-
ge – nämlich die Sicht einer Welt der Zusammenarbeit und des Friedens. Er schlägt einen Kompromiß
zwischen diesen zwei Ansichten vor und bemerkt
mit Genugtuung, daß sich Professor Huntington in
seinem 1997 erschienen Buch in die Richtung eines
solchen Kompromisses bewege (Kapitel 9). Tatsächlich erkannte Huntington die Notwendigkeit an,
sich auf dieselben Gemeinsamkeiten innerhalb der
Kulturen zu konzentrieren, die Bundespräsident
Herzog bereits im Januar 1995 betont hatte.

Bassam Tibi, ein aus Damaskus gebürtiger Mus-
lim, der deutscher Professor für Internationale
Beziehungen geworden ist, ist selbst so etwas wie

ein lebendes Beispiel für interkulturelle Verständigung. Auch er glaubt, daß Professor Huntingtons Szenario ernst genommen werden muß. Er betont die Notwendigkeit, die kulturellen Unterschiede so wahrzunehmen, wie sie sind. Aber wie Roman Herzog warnt er vor der Gefahr, daß Fundamentalisten die Politisierung religiöser Unterschiede betreiben und so den Kampf der Kulturen aus dem Bereich der Potentialität in die Realität verlagern.

Anders als Hans Küng glaubt Tibi nicht an ein »Weltethos«. Seine Strategie zum Erhalt des Friedens zwischen den Kulturen ist in erster Linie, das Verständnis und die Achtung kultureller Verschiedenartigkeit durch interkulturellen Dialog zu fördern. Dennoch hebt auch Bassam Tibi zumindest eine wichtige interkulturelle Gemeinsamkeit hervor. Er beginnt seinen Beitrag mit der Unterscheidung zwischen Vernunft und Glauben, die der westlichen und der islamischen Philosophie gemeinsam ist (Kapitel 10).

Masakazu Yamazaki, der Soziologe, der die Welt darauf aufmerksam machte, daß es so etwas wie japanischen Individualismus gibt, beendet das Buch aus ostasiatischer Sicht. Sein Beitrag sticht hervor durch die Infragestellung der Bedeutung von Religionen als Ursache internationaler Konflikte. Wie Bundespräsident Herzog in seiner Ansprache vor der Waseda University (Kapitel 4) macht er auf die friedliche Koexistenz von Konfuzianismus, Buddhismus, Islam und Christentum in vielen ostasiatischen Ländern aufmerksam. Der eigentliche Konflikt entstehe zwischen Reich und Arm innerhalb der

Kulturen, ob sie nun westlich sind oder einem anderen Kulturkreis angehören. Er erläutert, daß auf der Welt zwei moralische Wertesysteme existieren: eine »kommerzielle Ethik« und eine »politische Ethik«. Für ihn muß jede Nation die für sie gültige Balance zwischen diesen beiden moralischen Wertesystemen finden (Kapitel 11).

Ursprünglich war geplant, den Schlußkommentar Samuel Huntington zu überlassen, der zu Recht für sich in Anspruch nimmt, diese Debatte mit seinem Artikel in *Foreign Affairs* im Sommer 1993 ausgelöst zu haben. Demzufolge hätte ihm das Recht auf das letzte Wort zugestanden. Unglücklicherweise war es ihm nicht möglich, uns seinen Beitrag rechtzeitig zum Redaktionsschluß dieses Buches zuzusenden. Aber er bat uns, Bundespräsident Herzog seiner uneingeschränkten Unterstützung für die Strategie der Vermeidung des Kampfes der Kulturen durch Betonung der Gemeinsamkeiten der Kulturen zu versichern.

Januar 1999   Henrik Schmiegelow

Teil 1
**Reden und Artikel von Bundespräsident
Roman Herzog**

1 Das gemeinsame Erbe westlicher und islamischer Kulturen

(Ansprache vor dem Department of International
Relations der Quaid-e-Azam-Universität Islamabad,
5. April 1995)

(...) Mein Staatsbesuch in Pakistan führt mich in
ein Land von hoher kultureller Tradition. Vor
fünftausend Jahren schon haben sich hier Formen
frühmenschheitlicher Zivilisation entwickelt, die
den Hochkulturen an Nil und Euphrat ebenbürtig
waren. Später bildete Ihr Land die Brücke, über die
der Geist der griechischen Antike in den Subkontinent eindrang. Ein Geist, der die örtlichen Kulturen
– ich erinnere an die Ghandara-Kultur – zeitweilig
wesentlich mitprägte. Die große Dynastie der
Moghulkaiser hat im heutigen Pakistan bewunde-
rungswürdige Bauwerke und andere Denkmäler
menschlichen Geistes hinterlassen. (...)

Wohl keiner hat schon vor hundert Jahren so tief
über die Beziehungen zwischen Ihrer und unserer
Kultur nachgedacht wie Ihr großer Dichter und
Denker Mohammed Iqbal. Wir sind stolz, daß Iqbal
einen Teil seiner Studienjahre in Deutschland ver-
lebte und daß die deutsche Kultur diesem großen
Gelehrten zu einem gewissen Teil wichtige Anre-
gungen geben konnte, wodurch auch wir gewonnen
haben. Denn in seinen Notizen hat Iqbal vieles
Bedenkenswerte über Deutschland und seine klassische Literatur und Philosophie hinterlassen. Sein
auf Goethe bezogenes Wort: »Unsere Seele entdeckt

sich selbst, wenn wir mit einem großen Geist in Berührung kommen!« läßt sich auf den Philosophen selbst ummünzen: durch die Augen dieses Denkers schärft sich auch unser Blick auf Ihr Land. (...)

Aber es geht mir nicht nur um eine Reise in die ferne geschichtliche Vergangenheit, so reizvoll sie ist. Unsere beiden Länder sind Mitspieler, Mitgestalter und gleichberechtigte Partner bei den großen politischen Entwicklungen, die unsere Gegenwart bestimmen.

In Deutschland gedenken wir in diesen Wochen des fünfzigsten Jahrestages der Beendigung des Zweiten Weltkrieges. Ich habe vor sieben Wochen in Dresden eine Rede gehalten, an einem Ort also, der wohl wie kaum ein anderer zur Besinnung über die Greueltaten jedes Krieges auffordert. Ich sagte damals: »Wir gedenken derer, die verfolgt und getötet wurden, weil sie einem anderen Volk angehörten oder einer anderen Rasse zugerechnet wurden. (...) Wir gedenken derer, die ums Leben kamen, weil sie Widerstand gegen Gewaltherrschaft leisteten, und derer, die den Tod fanden, weil sie an ihrer Überzeugung oder an ihrem Glauben festhielten.«

Auch Sie haben gestern eines Tages gedacht, der für die jüngste Geschichte Pakistans ein wichtiges und tragisches Ereignis bedeutet. Auch Sie haben sich darauf besonnen, welch wichtiges, unverzichtbares Gut die Freiheit des Gedankens und die Freiheit vor politischer Verfolgung darstellt.

Die Gemeinsamkeit dieser Wertvorstellungen ist eine zentrale Grundlage unserer Freundschaft und der pakistanisch-deutschen Beziehungen. Unsere beiden Regierungen achten die Herrschaft des Rechts über die Ungerechtigkeit und die Freiheit des Andersdenkenden. Sie respektieren unsere Verantwortung gegenüber den großen Aufgaben unserer Zeit wie die Bekämpfung von Hunger und Armut, der Schutz der Umwelt und der natürlichen Reichtümer unseres Planeten sowie die Erhaltung bzw. die Wiederherstellung des Friedens, wo dies erforderlich ist.

Ich komme aus einem Land, das den epochalen Wandel Ende der 8oiger Jahre ganz besonders folgenreich erlebte und das sich noch immer im Wandel befindet. Ich weiß, mit welch großer Anteilnahme und Sympathie das pakistanische Volk die deutsche Wiedervereinigung begleitet hat, und möchte dafür an dieser Stelle aufrichtig Dank sagen.

Ich habe nicht vor, mich längeren Exkursen zur deutschen Außenpolitik hinzugeben. Lassen Sie mich aber sagen, daß sich das wiedervereinte Deutschland denselben Werten verpflichtet fühlt wie Deutschland vor dem Fall der Berliner Mauer: Erweiterung und Vertiefung der Europäischen Union, Weiterentwicklung der Atlantischen Allianz, Unterstützung der Vereinten Nationen und aller Bestrebungen nach regionaler Integration, Förderung einer tragfähigen Entwicklung in den Ländern der südlichen Hemisphäre, um nur einige aufzuführen.

Gemessen an der alten Bundesrepublik ist Deutschland territorial wie wirtschaftlich größer und damit politisch auch gewichtiger geworden. Wir sind gewachsen, das steht außer Frage, und wir sind bereit, unseren gewachsenen internationalen

Verpflichtungen nachzukommen. Aber wir sind durchaus in der Lage, unsere Möglichkeiten und Fähigkeiten realistisch einzuschätzen. Begriffe wie »Großmacht« oder »Europas Führungsmacht« werden von anderen, nicht von uns geprägt. Bescheidenheit steht uns gut zu Gesicht, und das sage ich, wenn notwendig, auch meinen Landsleuten.

Eine wesentliche Maxime deutscher Außenpolitik war und ist die Zusammenarbeit mit den Ländern Afrikas, Lateinamerikas und Asiens. Hierbei spielt Asien naturgemäß eine herausgehobene Rolle.

Die Bundesrepublik Deutschland hat gerade in letzter Zeit erhebliche Anstrengungen unternommen, sich auf die Bedeutung Asiens für ihre Außenpolitik zu besinnen. Im Oktober 1993 hat die Bundesregierung ein Asien-Konzept verabschiedet, das den aktuellen Entwicklungen im asiatisch-pazifischen Raum Rechnung trägt. Dieses Konzept ist die notwendige Antwort auf die augenfällige Verlagerung politischer und wirtschaftlicher Energien in die asiatische Weltregion, der mit Abstand dynamischsten Wachstumsregion unserer Zeit. Hierauf wollen wir Europäer uns einstellen. Gerade wir Deutschen tun auch gut daran, nach den Jahren der Fixierung auf das Ost-West-Verhältnis und auf den Prozeß der Wiedervereinigung unseren Blick für die wahrhaft atemberaubende Entwicklung in dieser Weltgegend zu schärfen und die richtigen Konsequenzen daraus zu ziehen.

Anfang 1994 haben sich die im asiatisch-pazifischen Raum akkreditierten deutschen Botschafter in Bonn auf einer Konferenz unter Leitung des Bun-

desaußenministers getroffen, um das neue Asien-
konzept zu diskutieren. Dabei wurden auch Leitlinien zur Umsetzung des Konzepts erarbeitet. Mein
Vorgänger im Amt, Bundespräsident a. D. von
Weizsäcker, hat die Botschafter damals empfangen
und sich von ihnen aus erster Hand über die Entwicklung und Zukunftschancen Ihres Kontinents
unterrichten lassen. Von Anfang an war es ein
wesentliches Element unserer neuen Asienpolitik,
daß der Besuchsaustausch auf hoher und höchster
politischer Ebene verstärkt werden sollte. Mein
Besuch in Pakistan – mein erster Staatsbesuch –
gehört in dieses Konzept. Er führt mich zu einem
unserer wichtigsten Partner in Asien und ist somit
auch Ausdruck unseres erneuerten Bewußtseins für
die Wichtigkeit Asiens insgesamt.

Wir wollen sehr viel mehr über diesen Kontinent
und auch über Ihr Land wissen und uns noch mehr
dort umtun. Wir hoffen, daß es uns gelingt, uns auf
Asien und damit auch auf das Partnerland Pakistan
noch besser einzustellen. Es sollte das gemeinsame
Ziel der Europäischen Union wie der Länder Asiens
sein, sich kontinuierlich über die brennenden Probleme und Fragestellungen unserer Zeit auszutau-
schen, etwa über unsere Mitverantwortung für die
Sicherung des Friedens, über unsere Zusammenarbeit bei der Bekämpfung der internationalen Kriminalität und des Drogenhandels, über die Nichtver-
breitung von Massenvernichtungswaffen und über
die Überwindung von Konflikten auf dem Verhand-
lungswege. Europa beansprucht kein Mitsprache-
recht in Asien, und das vergleichsweise kleine

Deutschland schon überhaupt nicht. Doch in unserer kleiner werdenden Welt mit ihren ständig wachsenden globalen Verflechtungen strahlen Konflikte in scheinbar fernen Regionen der Erde auf andere Staaten aus. Daher sehen wir es mit Sorge, wenn Konflikte auf einem Kontinent oder Subkontinent die regionale Stabilität gefährden, sei es in Afrika, Lateinamerika, Asien oder vor unserer Haustür, in Europa.

Im politischen Bereich ist unsere Zusammenarbeit mit Asien längst ein unerläßlicher Bestandteil unserer globalen Politik der Friedenssicherung. Bei der Lösung von Konflikten gewinnen die Staaten Asiens wegen ihres weltpolitischen Gewichts zunehmende Bedeutung. Das gilt nicht zuletzt bei den Aufgaben im Rahmen der Vereinten Nationen. Lassen Sie mich an dieser Stelle Pakistan für seinen vorbildlichen Beitrag zu den friedenserhaltenden Maßnahmen der Weltorganisation Anerkennung ausdrücken!

Auch die deutsche Wirtschaft hat sich auf die neue Lage längst eingestellt. Die Gründung des Asien-Pazifik-Ausschusses der Deutschen Wirtschaft Ende 1993, in dem zahlreiche führende Persönlichkeiten der deutschen Wirtschaft engagiert sind, zeigt die große Aufmerksamkeit, die diese Wachstumsregion auf sich lenkt.

Der asiatisch-pazifische Raum, in dem Pakistan ein wichtiges Teilstück bildet, tritt mit enormen Zukunftschancen in das 21. Jahrhundert. Fast 60 % der Weltbevölkerung leben in Asien. Hier sind bereits heute große Märkte vorhanden und wahrlich riesenhafte Märkte im Entstehen. Mit einem für die überschaubare Zukunft erwarteten Wirtschaftswachstum von jährlich 7 bis 8 % ist Asien, ich wies zuvor bereits darauf hin, die dynamischste Region weltweit. Schon jetzt wird über ein Viertel des Weltbruttosozialprodukts in dieser Weltregion erzeugt. In zehn Jahren könnte es bereits ein Drittel sein. Asiens Handel macht heute bereits ein Viertel des Welthandels aus. Der transpazifische Warenaustausch hat den transatlantischen schon seit Jahren im Volumen überholt, mit steigender Tendenz.

Technologisch haben sich asiatische Unternehmen inzwischen internationale Führungspositionen erkämpft. Asiatische Banken und Börsen spielen auf den globalen Finanzmärkten eine wachsende Rolle. Über ein Drittel der Weltdevisenreserven ist bei asiatischen Zentralbanken deponiert.

Die Europäer sollten aus alldem eine Lehre ziehen. Asiens Erstarken sollte als Chance und Bereicherung und nicht nur als Herausforderung begriffen werden. An Asien vorbei planen bedeutet inzwischen: an der Zukunft vorbei planen. Was mich besonders interessiert und wo ich während meines Besuches von Ihnen zu lernen hoffe, ist die Frage, welche Rolle Pakistan nun innerhalb dieser Wachstumsregion spielt.

Auf den ersten Blick liegen die Wachstumsraten in den Ländern des Subkontinents niedriger als die der »Wirtschaftslokomotiven« in den ASEAN-Ländern oder einigen großen ostasiatischen Volkswirtschaften. Gerade die Länder des Subkontinents besitzen aber die Chance, ihr Potential an menschlichen und natürlichen Ressourcen in enger, friedlicher Zusammenarbeit weiterzuentwickeln. In der Südasiatischen Gemeinschaft für regionale Zusammenarbeit – SAARC – hat sich Pakistan, zusammen mit seinen Nachbarländern, hierfür den geeigneten Rahmen geschaffen. Mit 1,3 Milliarden Menschen, also einem Viertel der Gesamtweltbevölkerung, zählt sie zu den größten Regionalorganisationen der Erde. Ihr Land kann besondere Genugtuung darüber empfinden, daß eine der ersten wichtigen SAARC-Institutionen, nämlich die Handelskammer, nach Karachi vergeben wurde.

Deutschland hat die Gründung und den Aufbau dieser Regionalorganisation mit lebhafter politischer Unterstützung begleitet und den Dialog der Europäischen Union mit SAARC – wie zuvor bereits mit ASEAN und anderen Regionalorganisationen – initiiert. Ich freue mich, daß es 1993 zu einem ersten Kontakt zwischen der Kommission der Europäischen Union und einer SAARC-Delegation gekommen ist. 1994 hat Bundesaußenminister Kinkel in New York in seiner damaligen Eigenschaft als Ratsvorsitzender den politischen Dialog mit dem Ratsvorsitzenden von SAARC auch formell eröffnet und ihm eine Intensivierung und Vertiefung der partnerschaftlichen politischen Kooperation angeboten. Ich wünschte, dieses Angebot würde aufgegriffen und weiter verfolgt. Vielleicht böte der bevorstehende SAARC-Gipfel in Neu-Delhi eine Gelegenheit, dazu Stellung zu nehmen.

Vermutlich sind die Möglichkeiten und Chancen dieser Regionalorganisation für den Subkontinent bei weitem noch nicht ausgeschöpft. Ich meine das nicht nur im wirtschaftlichen, sondern auch – und ganz speziell – im politischen Sinne. Als ein Freund Pakistans und der Region insgesamt möchte ich Sie ermutigen, den institutionellen Rahmen, den SAARC bietet, noch stärker für die Ziele einer regionalen Stabilisierung und Konfliktbewältigung zu nutzen. Die jüngere Geschichte Europas belegt, wie Länder, die sich teilweise vor einem halben Jahrhundert noch als sogenannte »Erbfeinde« gegenüberstanden, über gemeinsame Wirtschafts- und Handelspolitiken und kontinuierlichen Dialog zu einem Verhältnis des Vertrauens, zu einer funktionierenden Kooperation und gar zur Freundschaft gefunden haben.

Diese Perspektive mag Ihnen heute noch, auf den Subkontinent bezogen, als ein schwer erreichbares Ziel erscheinen. Aber die Gründungsväter der Europäischen Gemeinschaft konnten sich – nach vielen Jahren der Kriegsgreuel und des Hasses in Europa – sicherlich auch nicht vorstellen, wie sich die Zusammenarbeit der Mitgliedsstaaten konkret gestalten würde. Sie hatten aber eine Vision, und aus heutiger Sicht kann man sagen, eine segensreiche Vision. Daher sollten auch die SAARC-Staaten nichts unversucht lassen, um zu Formen der politischen Kooperation zu finden, die es ermöglichen, bestehende Streitfragen zwischen den Mitgliedstaaten friedlich zu regeln.

Der wohl wichtigste Konflikt, der die politische, aber auch wirtschaftliche und gesellschaftliche Entwicklung des gesamten Subkontinents seit fast einem halben Jahrhundert belastet und lähmt, ist die Kaschmirfrage. Sie spielt natürlich auch bei meinen hiesigen Gesprächen eine wichtige Rolle. Deutschland – und dies gilt auch für die Europäische Union als Ganzes – unterhält traditionell freundschaftliche Beziehungen sowohl zu Pakistan als auch zu Indien. Die Bundesregierung befleißigt sich beim Dialog mit der pakistanischen Regierung derselben Sprache und Argumente wie beim Dialog mit der indischen Regierung. Uns liegt sehr daran, daß es in diesem freundschaftlichen Beziehungsgeflecht keine Diskriminierung des einen gegenüber dem anderen gibt.

Die Europäische Union verfolgt die Kaschmirfrage mit großer Sorge. Sie hat beiden Parteien wiederholt empfohlen, ihren Konflikt auf dem Wege bilateraler Verhandlungen zu überwinden oder zumindest erste pragmatische Schritte zur Eingrenzung des Konfliktfeldes zu unternehmen. Diese Empfehlung möchte ich mit großem Ernst bekräftigen. Ein wichtiger erster Schritt wäre getan, wenn beide Regierungen sich entschließen könnten, den Dialog möglichst bald wieder aufzunehmen.

Deutschland verschließt nicht die Augen vor den Menschenrechtsverletzungen, die täglich aus Kaschmir gemeldet werden. Die Europäische Union hat wiederholt den Schutz der Menschenrechte angemahnt. Diese Mahnung richtet sich an alle Beteiligten. Ich begrüße ganz ausdrücklich die Versicherung der pakistanischen Regierung, daß sie in diesem Konflikt keine logistische und materielle Hilfe leistet.

Ich bin der festen Überzeugung, daß der

Kaschmirkonflikt nicht militärisch, sondern nur politisch im Einvernehmen mit allen Beteiligten gelöst werden kann und sollte. Eine aufgezwungene Lösung hätte auf Dauer keinen Bestand. Sie würde nur zu neuen Spannungen führen.

Als eine jahrzehntelang geteilte Nation messen wir Deutschen dem Recht auf Selbstbestimmung eine besonders große Bedeutung bei. Wir selbst haben es in unserer Nachkriegsgeschichte immer wieder, und stets auf friedlichem Wege, eingefordert. Unsere Erfahrung zeigt: das Recht auf Selbstbestimmung – wenn es Bestand haben soll – sollte nicht gewaltsam durchgesetzt werden. Vielmehr muß es im Rahmen einer dauerhaften Friedensordnung verwirklicht werden. Eine solche Ordnung fällt einem nicht in den Schoß. Sie mag ihre Entstehung einer Veränderung der politischen Großwetterlage verdanken, wir haben dies alle miterlebt. Vor allem aber muß sie mühsam erarbeitet werden: durch Schaffung von Vertrauen, Absicherung nach allen Seiten, Kompromißbereitschaft und viel guten Willen. Auch das läßt sich an der jüngsten Geschichte meines Landes nachvollziehen.

In zwei Wochen wird in New York die Konferenz zur Überprüfung und Verlängerung des Nichtverbreitungsvertrages eröffnet. Deutschland und die Europäische Union messen dieser Konferenz große Bedeutung bei. Die Bundesregierung und ihre Partner treten für die unbefristete und unkonditionierte Verlängerung des Vertrages ein. Wir sehen in seiner strikten Einhaltung das entscheidende Instrument, um ein atomares Wettrüsten zu verhindern und die

Menschheit vor der nuklearen Selbstvernichtung zu bewahren.

Daher ist es nur konsequent, daß wir an alle Staaten der Welt appellieren, dem Nichtverbreitungsvertrag beizutreten. Daß gerade die beiden wichtigsten Staaten des Subkontinents dem Vertrag bisher fernstehen und als Nichtmitglieder auch an der Konferenz in New York nicht teilnehmen werden, stimmt uns nicht gerade hoffnungsfroh. Ich kenne die Argumente und Sorgen, die aus pakistanischer Sicht dem Beitritt Ihres Landes zum Nichtverbreitungsvertrag entgegenstehen. Aber ich möchte Sie ermutigen – und dasselbe sagen wir auch der indischen Regierung –, sich Ihrer großen Verantwortung für die Stabilität nicht nur der Region, sondern auch weltweit bewußt zu sein und dem Vertrag beizutreten.

Zu den Werten, die wir teilen, gehört die Freiheit des religiösen Bekenntnisses, das unbedroht von strafrechtlicher Verfolgung ausgeübt werden sollte. Der große Gründungsvater Pakistans, Jinnah, genießt bei uns in Deutschland auch deswegen einen legendären Ruf, weil er unermüdlich für religiöse Toleranz eingetreten ist. Die Gründung Pakistans ist ja, wenn ich das richtig sehe, eine Konsequenz des Strebens nach politischer und religiöser Selbstverwirklichung gewesen. Daß Ihre Regierung, wie der pakistanische Außenminister Mitte Februar in Genf bekräftigte, beabsichtigt, wichtigen internationalen Abkommen zum Schutz der Menschen- und Bürgerrechte beizutreten und der mißbräuchlichen Anwendung des sogenannten Blasphemie-Paragraphen durch geeignete gesetzgeberische Maßnahmen ein Ende zu setzen, erfüllt mich daher mit besonderer Genugtuung.

Im übrigen ist die Verpflichtung zur Achtung der Menschenrechte auch uns Deutschen auferlegt, und auch wir müssen uns kritische Blicke anderer Staaten gefallen lassen. Sie wissen so gut wie ich, daß wir in Deutschland mit großen Problemen zu kämpfen hatten. Damit meine ich die Ausbrüche von Fremdenfeindlichkeit, die es bei uns gegeben hat, die aber einer kleinen Gruppe Unbelehrbarer zuzuschreiben sind. Diese Gewalttäter werden vor Gericht gestellt und spüren die ganze Härte unserer Strafgesetze. Die Anschläge gegen Ausländer sind zwar auch im Ausland, aber zunächst und anhaltend bei der deutschen Bevölkerung selbst auf energischen Protest und Abscheu gestoßen. Ein friedliches Zusammenleben der Völker läßt sich nur dann glaubhaft nach außen vertreten, wenn es auch nach innen praktiziert wird. Lassen Sie mich hier bekräftigen, daß wir in Deutschland eine Atmosphäre erhalten wollen, in der jedermann gern und frei von Belästigungen und Ressentiments lebt. Deutschland ist ein weltoffenes Land und wird es bleiben.

Ich teile nicht die Ansicht Samuel Huntingtons, daß der Zusammenstoß der Zivilisationen unausweichlich ist und die politische Zukunft unseres Planeten bestimmt. Nichts wäre verhängnisvoller, als wenn sich die Nationen des Westens und des Ostens auf eine vermeintliche Konfrontation zwischen Islam und Christentum einrichteten. Schon die Propagierung derartiger Ideen halte ich für schädlich und für vollkommen unangebracht. Die großen

Denker bei Ihnen und uns haben immer wieder auf das Verbindende zwischen Orient und Okzident hingewiesen. Ich erinnere nur an das, was Mohammed Iqbal zum Wechselverhältnis westlicher Werte und Islam sagte: »Das bemerkenswerteste Phänomen der modernen Geschichte ist die enorme Schnelligkeit, mit der sich die Welt des Islam in Geistesfragen dem Westen nähert. In dieser Entwicklung ist nichts Falsches, denn die europäische Kultur ist auf intellektuellem Gebiet nur eine Weiterentwicklung einiger der wichtigsten Phasen der islamischen Kultur.« Ende des Zitats. Vergessen wir nicht: der Gründer des modernen Pakistan, Jinnah, hat bekräftigt, daß zwischen Islam und Demokratie kein Gegensatz besteht. Als die Prinzipien islamischer Demokratie nannte er schon vor fünfzig Jahren: die Gleichheit aller Menschen, Gerechtigkeit und »fair play« gegenüber jedermann. Diese Wertvorstellungen haben seither nichts an Aktualität eingebüßt. Die Konstruktion von Gegensätzen ist daher willkürlich, verfolgt oft ganz bestimmte Absichten und ist häufig sogar bösartig. Nicht der Kampf der Kulturen oder Zivilisationen ist angesagt, sondern die Entwicklung einer auf Konsens und gegenseitigem Vertrauen aufgebauten gemeinsamen Zivilisation.

Der uns allen auferlegte Zwang, die großen Herausforderungen der Menschheit in der Zukunft gemeinsam zu bestehen, läßt keinen Spielraum für ein Auseinanderdriften. Globale Probleme erfordern globale Lösungen und daher auch ein enges, vertrauensvolles Zusammenwirken aller Bürger dieser Erde.

2 Interkultureller Dialog versus globale Kulturkriege

(Laudatio anläßlich der Verleihung des Friedenspreises des Deutschen Buchhandels an Frau Annemarie Schimmel, 15. Oktober 1995)

Daß die diesjährige Verleihung des Friedenspreises des Deutschen Buchhandels von heftigen Kontroversen begleitet wird, bedarf keiner besonderen Betonung; es ist vor aller Augen.

Aber schon der Verlauf der Diskussion, die es dieserhalb gegeben hat, stimmt mich hoffnungsvoll. Nach einem Anfang, der wahrlich kein Ruhmesblatt war, hat sich eine Debatte entwickelt, die in mehr als einer Beziehung zur Vertiefung des Verständnisses beigetragen hat. Sie hat, wenn ich recht sehe, die sonst üblichen Frontverläufe überwunden. Sie hat uns – sowohl unter den Befürwortern als auch unter den Gegnern der heutigen Preisträgerin – ins Gedächtnis gerufen, daß *political correctness* keine legitime Schranke der verfassungsrechtlich verbürgten Meinungsfreiheit sein kann. Sie hat Gelehrte aus ihren Studierstuben getrieben und zu öffentlicher Stellungnahme veranlaßt. Sie hat schon heute zu der Erkenntnis geführt, daß eine vertiefte und differenzierende Beschäftigung mit dem Islam für uns aus außen- wie aus innenpolitischen Gründen lebensnotwendig ist. Und sie hat schließlich auch schon die ersten Früchte der Wissensvermittlung getragen; wer von uns hätte vor dem Streit um Annemarie Schimmel wirklich sagen können, was

17

Sufismus ist oder – noch wichtiger – nach welchen Gesichtspunkten man eine Fatwa zu beurteilen hat?

Der Friedenspreis des Deutschen Buchhandels steht in der Tradition der Aufklärung und er dient, wie schon sein Name sagt, dem Frieden – dem Frieden zwischen den Menschen, zwischen den Völkern und gewiß auch zwischen den großen Kreisen kultureller und geistiger Tradition, die es auf dieser Welt stets gegeben hat, die in letzter Zeit jedoch in erstaunlicher, ja dramatischer Weise neue Konturen und neues Selbstbewußtsein gewonnen haben.

Daß der Islam für uns eine aktuelle Herausforderung ist, merken wir schon in unserer Nachbarschaft. Und das Judentum begleitet uns seit einem vollen Jahrtausend, im Guten wie im Bösen. Aber daneben gibt es auch andere Religionen und Kulturen, die in Hunderten Millionen Köpfen und Herzen wirksam sind und sich ebenfalls auf sich besinnen: den Buddhismus, den Hinduismus und den Konfuzianismus, um nur die größten zu nennen.

Es mag ja sein, daß die Gemeinsamkeiten aus Naturwissenschaft, Technik und globaler Information, aus weltweiter wirtschaftlicher Verflechtung und vielleicht sogar aus neu entstehenden Sicherheitsstrukturen uns davor bewahren, daß jene leichtfertigen Prophezeiungen sich erfüllen, die heute schon einen »Clash of Civilizations« voraussagen, einen globalen Kulturkampf. Aber ein friedliches, menschenwürdiges Miteinander verlangt mehr.

Es verlangt erstens ein leidenschaftliches Bemühen darum, daß die Grenzen zwischen den Kulturen nicht auf Dauer zugleich Grenzen zwischen

Armut und Reichtum bleiben oder werden; deshalb plädiere ich, wo immer es geht, für freie Märkte, für wirtschaftliche Zusammenarbeit und – im Interesse der Ärmsten – für Entwicklungshilfe. Und es verlangt zweitens das nicht erlahmende Bemühen, Gemeinsamkeiten, die vorhanden, aber verschüttet sind, ans Tageslicht zu fördern und zu stärken und für Ideen, die nach aller Erfahrung Frieden stiften, zu werben und – wo nötig – auch zu kämpfen.

Sie verstehen gewiß, was ich mit den letzten Worten meine: Ich spreche vom Kampf, aber auch vom unermüdlichen und unverdrossenen Werben für die Menschenrechte, auf die sich die Weltgemeinschaft ja schließlich einmal verständigt hat. Vergessen wir dabei nicht, daß sich diese Rechte auch bei uns erst verhältnismäßig spät, in mühsamen kleinen Schritten und mit immer wieder neuen, entsetzlichen Rückfällen entwickelt haben. Zwischen Anspruch und Wirklichkeit gibt es auch bei uns noch eine erhebliche Kluft – ich erinnere nur an die Rechte der Frauen. Dennoch: die Menschenrechte sind aber nach unserem heutigen Wissen die überzeugendste Idee, die Frieden zwischen Menschen, Völkern und Staaten und schließlich auch zwischen Kulturen zu schaffen imstande ist.

Nur, alles das setzt voraus, daß die Völker und Kulturen mehr übereinander wissen. Ohne gegenseitiges Wissen gibt es kein gegenseitiges Verständnis, ohne Verständnis gibt es keinen gegenseitigen Respekt und kein Vertrauen, und ohne Vertrauen gibt es keinen Frieden, sondern wirklich nur die Gefahr des Zusammenpralls.

Unendlich viele, zum Teil höchst verschiedene Leistungen sind also nötig, wenn Frieden werden und vor allem bewahrt werden soll. Und jede ist preiswürdig, wenn sie nur groß genug ist. Manche haben gesagt: Wir schätzen ja Frau Schimmel als Wissenschaftlerin, aber warum soll eine wissenschaftliche Beschäftigung mit Literatur, mit alten Schriften, einen Friedenspreis verdient haben? Ich sage dazu: in der dunkelsten Zeit der deutschen Geschichte waren es nicht zuletzt englische, amerikanische und russische Literaturwissenschaftler und Germanisten, die auf ihre Weise ein anderes, und wie wir heute sagen würden, gültigeres Verständnis von deutscher Kultur weitergegeben haben, als das offizielle Deutschland es damals präsentiert hat. Nicht zuletzt diese entsagungsvolle Arbeit – damals sicher auch »unpolitisch« – war es, die ihren spezifischen Beitrag geleistet hat zum späteren Frieden und zur Versöhnung. Niemand, der damals in Oxford oder Harvard Verse aus »Don Carlos« oder »Egmont« interpretiert hat, hat damit den deutschen Totalitarismus legitimiert. Gerade die Tatsache, daß es hier um den Friedenspreis des Deutschen Buchhandels geht, sollte uns auch die friedens- und versöhnungsstiftende Arbeit schätzen lassen, die in der Beschäftigung mit Literatur und Geistesleben bestehen kann.

In unserem Verhältnis zum Islam erweist sich das gegenwärtig sehr deutlich. Man wird der deutschen Öffentlichkeit wohl kaum unrecht tun, wenn man behauptet, daß zu viele bei der Nennung des Wortes »Islam« vor allem Begriffe wie »inhumanes

Strafrecht«, »religiöse Intoleranz«, »Unterdrückung der Frau« und »aggressiver Fundamentalismus« assoziieren. Aber das ist eine Verengung,
die wir korrigieren müssen. Erinnern wir uns nur
einmal daran, daß es vor sechs- oder siebenhundert
Jahren eine große islamische Aufklärung gegeben
hat, die dem Westen beträchtliche Teile des antiken
Wissens erhalten hat und die sich ihrerseits einem
abendländischen Denken konfrontiert sah, das sie
als ziemlich fundamentalistisch und intolerant empfunden haben muß.

Anderes kommt hinzu: etwa die von Annemarie
Schimmel so sehr betonte Existenz sufistischer Gei-
stesströmungen im islamischen Denken, die dieses
viel differenzierter erscheinen lassen als die allbe-
kannte Unterscheidung zwischen Sunna und Schia.
Und endlich sollten wir zur Kenntnis nehmen, daß
die islamische Welt – ganz ähnlich wie die unsere –
kein monolithischer Block und schon gar kein fun-
damentalistischer Block ist. So ist zum Beispiel der
indonesische Islam etwas ganz anderes als der ira-
nische Islam, und immerhin ist Indonesien heute das
größte islamische Land. Haben wir, ein weiteres Beispiel, zur Kenntnis genommen, daß die Staatspräsidenten der sechs turksprachigen Länder, die vor
kurzem die gemeinsamen Prinzipien ihrer Politik
öffentlich formuliert haben, zu diesen Prinzipien
auch den Säkularismus gezählt haben? Verstehen
wir – was Frau Schimmel uns immer wieder gezeigt
hat –, daß viele Dinge, die wir ebenso wie die meisten Muslime dem Islam zurechnen, jedenfalls nicht
im Koran niedergelegt sind?

Man wird immer verschiedener Meinung darüber sein müssen, was das für unsere Einstellung zum Islam bedeutet. Daß es uns aber ein klareres und vor allem gerechteres Bild gibt und daß es ernsthafte Gespräche zwischen den Kulturen erleichtert, das sollte doch niemand bestreiten. Und ich wiederhole: Das wird nicht nur unser Auge für die weltpolitische Bedeutung des Islam schärfen, sondern es ist auch für unser Verhältnis zu den Muslimen entscheidend, die in unserem Land leben.

Wahrscheinlich ist sogar der Begriff »Fundamentalismus«, der uns so leicht über die Lippen geht, so zweideutig, daß er schon wieder irreführend ist.

Wer heute »Fundamentalismus« sagt, der verbindet damit meist – und nicht zu Unrecht – die Vorstellung von Demütigung der Frauen, von unmenschlichen Strafen für Diebe und Ehebrecherinnen, von Anschlägen gegen mißliebige Schriftsteller und Journalisten. In Wahrheit ist das, was wir landläufig als Fundamentalismus bezeichnen, jedoch nichts anderes als die politische Instrumentalisierung religiöser Gefühle, der blanke Griff zur totalitären Macht. Dieser Mißbrauch der Religion droht besonders dort, wo soziale Not und Rechtlosigkeit den Nährboden für die Manipulation der Massen bieten.

Ich wiederhole hier, was ich schon an anderer Stelle gesagt habe: Das sind Erscheinungen, die wir unter gar keinen Umständen akzeptieren können und die wir weder aus außenpolitischen Rücksichtnahmen noch aus einem schwächlichen Wertrelativismus tolerieren können. Wenn wir in einen Dialog mit anderen eintreten, bringen wir einige Essentials mit, die nicht verhandelbar sind. Dazu gehört die Freiheit der Rede und dazu gehört vor allem, daß niemand wegen seiner Überzeugung zu Schaden gebracht werden darf. Eine lange, oft blutige und grausame Geschichte hat uns Europäer gelehrt, daß diese Rechte niemals mehr zur Disposition stehen dürfen. Deswegen kann hier niemand Todesdrohungen für ein Buch akzeptieren. Wer diesem Satz nur eine partikuläre, westliche Überzeugung zuschreiben will, die sich zu Unrecht universale Geltung anmaße, dem sage ich: Einen Dialog gibt es nur, wenn niemand befürchten muß, wegen einer Äußerung gefangengenommen, gefoltert oder ermordet zu werden. Diese Spielregel ist weder westlich noch östlich noch sonst irgendwie geographisch relativierbar. Sie ist die begriffliche Grundvoraussetzung für ein Gespräch überhaupt.

Und damit niemand denkt, ich meine das nur abstrakt und allgemein, will ich es ganz konkret sagen: Wer immer Salman Rushdie oder wen auch immer wegen eines literarischen Textes mit dem Tode bedroht, der muß in uns einen unnachgiebigen Gegner sehen. Wer mit Tod und Folter bedroht wird, dem stehen wir zur Seite. Deshalb fordere ich von hier aus die Männer, die für die Morddrohungen gegen Schriftsteller wie Salman Rushdie verantwortlich sind, zu einer ehrlichen, verläßlichen Rücknahme dieser Drohungen auf, vor allem aber zur Aufhebung des unseligen Kopfgeldversprechens.

Klar muß aber ebenso sein, daß unter uns auch der Hinweis auf die Erschütterung vieler frommer

Muslime über etwas, was sie als Gotteslästerung empfinden, nicht verboten sein kann.

Hier liegt genau der Grund für meine Vermutung, daß wir unter uns, wenn wir von Fundamentalismus sprechen, nicht entfernt darüber einig sind, was wir damit meinen. Geht es nur um die Übergriffe, die ich vorher mit Beispielen umschrieben habe, die nach unserer eigenen geschichtlichen Erfahrung kommune Menschenrechtsverletzungen sind und die wir daher – ganz einfach und ohne jede weitere Diskussion – als schwerkriminelles Unrecht bezeichnen und behandeln müssen, geht es nur um diese Übergriffe, so ist die Sache verhältnismäßig einfach, und es bleibt »lediglich« die Frage, welche Folgerungen wir daraus für unser außenpolitisches Verhalten zu ziehen haben. Protest, politische Sanktionen oder geduldiges, aber unmißverständliches Werben für unsere Standpunkte? Und ich finde, jeder dieser Wege hat seine Berechtigung. Wir müssen aber stets prüfen, welcher von ihnen in einer konkreten Situation am weitesten führt.

Es gibt hier aber möglicherweise noch eine tiefere Schicht des Empfindens. Ich habe schon von der islamischen Aufklärung gesprochen, die in unserem christlichen Kulturkreis wahrscheinlich auf Gegenpositionen gestoßen ist, die wir heute selbst als – christlichen – Fundamentalismus bezeichnen würden. Ist es nicht denkbar, daß sich die Fronten seither verkehrt haben? Daß wir uns mit dem Islam so schwer tun, weil er oft auf einer tiefen Volksfrömmigkeit beruht, während wir selbst in einer weitgehend säkularisierten Welt leben? Und wie leben wir dann, wenn ich recht haben sollte, mit diesem Dissens? Wollen wir fromme Muslime allen Ernstes mit den gewalttätigen Fundamentalisten identifizieren, nur weil wir selbst für die Verspottung religiöser Gefühle anderer kein rechtes Gefühl mehr haben oder zumindest kein rechtes Gefühl mehr zeigen?

Von Werterelativismus unsererseits halte ich in diesem Zusammenhang gar nichts. Pluralität und Toleranz sind gewiß wichtige Dinge, auf die ich unter keinen Umständen verzichten möchte. Wenn sie aber funktionieren sollen, müssen sie realistisch und ehrlich sein, und das heißt: man muß einerseits die Positionen des anderen kennen und verstehen und man muß andererseits einen eigenen Standpunkt haben, um den des anderen überhaupt tolerieren zu können. Werterelativismus allein führt zur Standpunktlosigkeit und nicht zur Toleranz.

Für uns, ich wiederhole es, sind die Menschenrechte unverzichtbar: die Würde des einzelnen Menschen, die Unverletzlichkeit des menschlichen Lebens, das Verbot von Folter und körperlichen Strafen, die persönliche Freiheit, die Gleichberechtigung von Mann und Frau, die Freiheit des Denkens, der Religion und der weltanschaulichen Überzeugung; ich will die Reihe hier nicht vollständig aufzählen. Hier können wir unsere Überzeugungen, die aus schlimmen geschichtlichen Erfahrungen gewonnen und gefestigt sind, nicht um ein Jota relativieren.

Aber:

Jede weltweite Debatte über die Menschenrechte zeigt zugleich, daß wir im Diskurs zwischen den

Kulturen mit Bekenntnis und Protest allein nicht auskommen werden.

Eine jahrzehntelange Erfahrung sagt mir, daß wir beim Werben für unsere Standpunkte viel weiter gehen müssen als nur zu Bekenntnis und Protest, und hier ist wieder die Kenntnis, das Wissen über unsere Gesprächspartner gefragt.

In allen Ideensystemen, die uns auf dieser Welt begegnen, gibt es Gedanken und Grundsätze, die miteinander übereinstimmen oder zumindest miteinander verwandt sind – auch wenn ihre innersten Begründungen vielleicht weit voneinander abweichen. Es ist nicht besonders originell, hier immer gleich die »Goldene Regel« zu erwähnen, die wir mit einem deutschen Sprichwort so umschreiben: »Was du nicht willst, das man dir tu', das füg auch keinem andern zu!«, und die es in allen Kulturen der Welt gibt. Aber wenn es gelänge, diese Goldene Regel nur halbwegs zur Maxime praktischer Politik zu machen – was wäre schon das für ein Ansatz für internationalen Frieden und nicht minder für die Rechte des Individuums! Und das ist nicht der einzige Ansatz, von dem man hier ausgehen könnte. Ein Symposium, das vor einigen Wochen mit Wissenschaftlern und Philosophen aus aller Welt und allen Kulturen an meinem Berliner Amtssitz stattgefunden hat, läßt mich an noch ganz andere geistige Ressourcen denken. Zusammen mit gemeinsamen wirtschaftlichen Interessen auf offenen Märkten, zusammen mit den Erkenntnissen, die die Naturwissenschaften auf der ganzen Welt gleich vermitteln, und mit den modernen, weltweiten Informationsmöglichkeiten könnte etwas daraus werden, was uns den globalen Kulturkampf erspart. Es lohnt sich, finde ich, dem größten gemeinsamen Nenner der Kulturen nachzuspüren.

Wohlgemerkt: die Suche nach einem kulturübergreifenden ethischen Minimum heißt nicht, daß wir uns in unserem eigenen Lebensbereich damit begnügen. Das gleiche gilt natürlich auch für die anderen Kulturen. Diese Suche würde auch nicht verlangen, daß wir darauf verzichten müßten, für unsere Vorstellungen von Menschenwürde und Menschenrechten weiter zu kämpfen und zu werben. Aber wir wie alle anderen könnten das im Frieden tun und – vor allem – niemand müßte mehr befürchten, daß hier eine Fortsetzung alter kolonialistischer Herrschaftsmethoden mit ideologischen Mitteln stattfindet.

Es mag ja sein, daß ich einen Traum träume, der sich nicht oder jedenfalls nicht zu unseren Lebzeiten erfüllt. Aber die Schreckensvorstellung eines globalen Kulturkampfes verbietet es uns, den Versuch überhaupt nicht zu unternehmen.

Die Frage liegt nahe, ob nicht ein gemeinsames Interesse aller Staaten und Kulturen besteht, dafür Sorge zu tragen, daß das Szenario nicht zur sich selbst erfüllenden Prophezeiung wird. Kann der interkulturelle Dialog nun Teil einer rationalen Friedensstrategie werden?

Manches spricht dafür, daß es sich bei dem vermeintlichen »Kampf der Zivilisationen« in Wirklichkeit um einen »Kampf der politischen Fundamentalismen« handelt, an dem die gemäßigten

Mehrheiten der Völker kein Interesse haben. Die Frage ist, ob in unserer Zeit als rationale Friedensstrategie eine kulturübergreifende Zusammenarbeit der Aufklärer, der Pragmatiker, der Sucher nach einer Zivilisation der Versöhnung gegen die Maler der Feindbilder denkbar ist.

Und für diesen Dialog braucht man Menschen, die zwischen den Kulturen wandern und die über sie Wissen vermitteln, die bereit und imstande sind, sich auch in fremde Begrifflichkeiten und Erfahrungswelten hineinzudenken und das so Gelernte weiterzuvermitteln, die auf diese Weise Brücken des Vertrauens bauen.

Und ein solcher Mensch ist Annemarie Schimmel. Und deswegen hat sie den Friedenspreis verdient. Sie liebt die Geisteswelt des Islam und wird von vielen Muslimen dafür wiedergeliebt; hierin Sympathisantentum mit politischem Fundamentalismus zu sehen, ist falsch und ungerecht. Sie selbst beschreibt in ihrem Buch »Mystische Dimension des Islams« die Auseinandersetzung zwischen den islamischen Mystikern, den schon erwähnten Sufisten, und der islamischen Orthodoxie, der die Sufisten nie ganz geheuer waren. Deren mystische Imagination und »inwendiger Islam«, wie ihn der Orientalist Titus Burckhardt nennt, eignen sich nicht für fundamentalistisch-orthodoxe Indienstnahmen. Im Gegenteil, die islamischen Mystiker wurden, wie Frau Schimmel eindringlich dargestellt hat, immer wieder verfolgt, weil sie sich im feindlichen Umfeld eines religiösen Legalismus als die wirklichen Träger der Freiheit verstanden.

Ich will nicht über Parallelen spekulieren, die sich zwischen Sufismus und christlichem Pietismus, gerade auch im sozialen Engagement, ziehen lassen könnten, obwohl das durchaus reizvoll wäre. Mir als Laien reicht das Indiz aus: Von der atemberaubenden Vielfalt islamischer Strömungen in Geschichte und Gegenwart habe ich jedenfalls ansatzweise erst durch die Bücher von Frau Schimmel erfahren. Und vielleicht ergeht es anderen ja ähnlich. Dann hätten wir gemeinsam Nachholbedarf an Verstehen. Wir können es uns nicht erlauben, die Vielfalt islamischer Strömungen zu ignorieren; das hieße letztlich nur die zu stärken, die differenziertes Denken verhindern wollen. Reden wir also nicht den einheitlichen Islam herbei, den es nicht gibt, der aber den politischen Fundamentalisten ihr Geschäft erleichtern würde. Aus – erlauben Sie mir das Unwort – weltkulturpolitischen Gründen haben wir gar keine andere Wahl, wenn es uns denn um Menschenrechte und Demokratie geht, als über die islamische Welt mehr zu wissen.

Wenn wir uns, wie Frau Schimmel das zeigt, in eine andere Kultur »hineinversetzen«, dann heißt das nicht, daß wir darin versinken. Verständigen können wir uns nur von unserem jeweiligen Standpunkt aus. Wenn wir den eigenen Standpunkt um der Verständigung willen aufgeben, dann gibt es nichts mehr zu verstehen, gibt es keinen Unterschied mehr zu besprechen. Wirklich neugierig auf den Islam und seine reiche Kultur kann man doch nur sein, wenn und weil die eigene Kultur eine andere ist.

Frau Schimmel hat diese Neugier in mir geweckt,

und ich wünsche mir, daß es vielen anderen ebenso ergeht. Dazu braucht man sich nicht in die geistesgeschichtliche Dogmatik zu vertiefen. Das kann man in Ruhe den Fachleuten überlassen. Ich will Ihnen nur verständlich machen, wie erfolgreich sie für mich zwischen den Kulturen gedolmetscht hat, als sie mich auf meiner Pakistanreise begleitete. Manchmal hat sie mir sogar die Herzen meiner islamischen Gesprächspartner geöffnet. Und es macht einen Unterschied, ob man mit Präsidenten und Regierungsvertretern nur diplomatische Höflichkeiten oder, je nach Bedarf, auch Protestdemarchen austauscht oder ob es gelingt, jenseits dieser traditionellen Mittel der Außenpolitik in die Substanz der Beziehungen, auch der kulturellen, vorzudringen.

Annemarie Schimmels Versöhnungswerk hat allerdings auch eine innenpolitische Bedeutung, und wir beginnen erst allmählich, sie zu begreifen. Es ist ja heute gar nicht mehr möglich, Überzeugungen geographisch zu trennen. Christen, Muslime, Atheisten wohnen in denselben Ländern, in denselben Städten, ja in denselben Straßen und Häusern. Das Leben ist hier schneller gewesen als der interreligiöse oder interkulturelle Dialog. Der aber muß nun dringend folgen, damit das Miteinander nicht zu einem Alptraum wird. Man kann auf die Dauer nicht miteinander leben, wenn man nicht miteinander redet und wenn man nichts voneinander weiß. Im Verhältnis zum Islam hat uns Annemarie Schimmel den Weg dazu geebnet, und im Verhältnis zu anderen Kulturen hat sie uns gezeigt, wie solche Wege gebaut werden können.

3 Die Rechte des Menschen

(Artikel in der Wochenzeitung »Die Zeit«,
6. September 1996)

Die Diskussion um die Menschenrechte wird in Deutschland derzeit wohl intensiver geführt als in allen anderen Ländern. Das ist gut so. Schließlich geht es um die überzeugendste Idee, die nach heutigem Wissen imstande ist, Frieden zwischen Menschen und auch zwischen Staaten zu schaffen. Bosnien hat das in aller Deutlichkeit bewiesen. Erst dem Druck der öffentlichen Meinung in den westlichen wie den islamischen Ländern war es zu verdanken, daß nach dem Fall von Srebreniza eine Intervention zustande kam, die dem Völkermord Einhalt gebot und den Weg zum Abkommen von Dayton öffnete. Ob sich alle mit diesem Abkommen verbundenen Hoffnungen erfüllen werden, wissen wir noch nicht. Aber eines wissen wir: Es mußte um der Menschenrechte willen versucht werden.

Daß die Menschenrechte in Deutschland eine besondere Rolle spielen, kann nach den Erfahrungen unserer Geschichte nicht überraschen, und wenn die Diskussion über sie hierzulande leidenschaftlicher als anderswo geführt wird, so bestärkt mich das in der Zuversicht, daß wir imstande sind, die Lehren aus dieser Geschichte zu ziehen. Denen, die in der Debatte über Bosnien an diese Lehren erinnert haben, gebührt unser Dank. Es ist nicht immer leicht, sich in solchen Fragen verständlich zu

31

machen, und wer es dennoch versucht, der läuft Gefahr, »querzuliegen«, »gegen den Strich zu bürsten«, politische Gewohnheiten, ja Trägheiten zu stören. Dennoch war und ist es notwendig.

Gedankliche Hürden

Freilich reicht es in der Menschenrechtsdebatte nicht aus, die vorhandenen Energien in öffentliche Debatten und Aktionen zu investieren. Auch hier ist noch lange nicht alles gut, was gut gemeint ist. Das gilt vor allem für die scheinbaren Alternativen, die auf den ersten Blick so einleuchtend sind und bei genauerem Hinsehen dann doch den Weg zur Verwirklichung der Menschenrechte eher verstellen. In Wirklichkeit geht es bei einer erfolgreichen Menschenrechtspolitik selten um ein »Entweder-Oder«. Fast immer kommt es auf nüchternes Abwägen und Differenzieren an.

– Es geht nicht mehr um die Wahl zwischen der Achtung vor der Souveränität anderer Staaten und dem gleichgültigen Zusehen bei Menschenrechtsverletzungen. Seit es internationale Menschenrechtskataloge gibt, liegt die Wahrheit irgendwo in der Mitte zwischen diesen Extremen. Es ist unsere Aufgabe herauszufinden, wo das ist.

– Es geht auch nicht mehr um den Gegensatz zwischen einer »imperialistischen« Menschenrechtsmission und einem permissiven Werterelativismus. Auch hier liegt die Wahrheit mit Sicherheit zwischen den Extrempositionen.

– Und es geht ganz gewiß nicht nur um den Aus-
verkauf der Menschenrechte zugunsten wirtschaftlicher Beziehungen; denn weder ist bisher
bewiesen, daß sich beides notwendigerweise ausschließt, noch ist bewiesen, daß es nicht auch
noch andere gewichtige Gesichtspunkte gibt, die
in eine solche Abwägung hineinwirken können.
Daß die Menschenrechte, zumindest in ihrem Kern,
universal sind, darf man bei alldem nicht in Zweifel
ziehen lassen. Aber darum geht es heute erst in zwei-
ter Linie. Im Vordergrund steht die Frage, wie sie in
jeder einzelnen Region der Welt und in jeder konkreten politischen Situation verwirklicht werden
können. Nicht mehr das »Ob« steht zur Debatte,
sondern das »Wie«.

Veränderte Welt

Wir stehen heute, wenn nicht alles trügt, am Beginn
einer neuen politischen Epoche. Kulturen und Philosophien, die bis vor kurzem noch ideologisch
unterdrückt waren, erwachen zu neuem Selbstbewußtsein. Unterschiedliche Sichten der Welt und
des Menschen beginnen aufeinanderzuprallen. Je
selbständiger die Völker werden, um so mehr erkennen sie ihren eigenen Wert und suchen nach eigener
Identität. Manche müssen sich dabei noch heute
von den Nachwirkungen langer kolonialer Bevor-
mundung befreien. Das sind schwierige Prozesse,
die noch keineswegs abgeschlossen sind. Wer den
internationalen Menschenrechtskatalog voranbrin-

gen will, muß sich dieser Schwierigkeit stets bewußt sein. Er sollte sich vor allem drei Fragen stellen.

- Erstens: Was ist unser westliches Verständnis der Menschenrechte wirklich, und wie sind wir zu ihm gelangt?
- Zweitens: Welche kulturellen Wurzeln haben Menschenrechte in anderen Teilen der Welt, und in welcher Ausgestaltung sind sie dort bereits anerkannt?
- Und schließlich drittens: Wie müssen Strategien aussehen, die die Menschenrechte dort fördern, wo sie – insbesondere in ihrer Ausgestaltung durch die Allgemeine Menschenrechtserklärung der Vereinten Nationen von 1948 – noch nicht erfüllt sind?

Menschenrechte bei uns

Beim ersten Schritt wären wir Europäer, ja alle Völker der westlichen Welt, gut beraten, von dem hohen Roß herunterzusteigen, auf dem wir in Fragen der Menschenrechte so gern sitzen Wir haben ähnliche Entwicklungsprozesse durchgemacht, wie wir sie heute in anderen Teilen der Welt beobachten. Die amerikanische Bill of Rights von 1776 und die französische Erklärung der Menschen- und Bürgerrechte von 1789, die zum Modell für alle späteren Menschenrechtserklärungen wurden, sind vor jetzt gerade zweihundert Jahren verkündet worden, und auf die Rückfälle, die es danach immer noch gegeben hat, braucht man wohl nicht besonders hinzuweisen. Zur wirklichen Demokratie, d. h. zu einer Verfassungsform, in der die Regierenden von der Mehrheit der Bevölkerung frei gewählt werden können, kam es in der westlichen Welt noch später, nämlich erst im letzten Jahrhundert. In anderen Teilen der Welt war – und ist – der Ablauf vielfach umgekehrt. Erst nach einer wirklichen Demokratisierung werden, als deren Folge, auch die Menschenrechte allmählich respektiert, weil die Bürger sie zunehmend einfordern.

Man kann daraus zweierlei lernen. Einerseits liegt es nahe, die Demokratisierung überall in der Welt als eine der wirkungsvollsten Strategien zur Durchsetzung der Menschenrechte zu betrachten und dementsprechend zu fördern. Andererseits kann es auch Staaten geben, die sich ernsthaft als Demokratien verstehen, in denen die Verwirklichung der Menschenrechte aber trotzdem noch zu wünschen übrigläßt.

Universalität der Menschenrechte

Die Menschenrechtspolitik als einen Entwicklungsprozeß anzuerkennen ist etwas grundlegend anderes als eine Relativierung der Menschenrechtsidee. Vor allem ist kein Zweifel an der – zumindest grundsätzlichen – Universalität der Menschenrechtsidee daraus abzuleiten.

Manche Eurozentriker, auch manche Verfechter des aus den USA kommenden Szenarios eines unvermeidlichen »Clash of Civilizations«, sind allerdings der Ansicht, eine Menschenrechtszivilisation sei nur in westlichen, besonders in christlich fundierten Kulturen möglich, andere seien dazu nicht fähig. Wir werden später noch genauer überlegen müssen, ob das richtig ist oder nicht. Jedenfalls hat dieser Relativismus schon jetzt zu einem gefährlichen Echo geführt. Manche Vertreter asiatischer Länder hat er nämlich zu der umgekehrten These provoziert, die Menschenrechte seien als »westliche Erfindung« für asiatische Kulturen überhaupt ungeeignet.

Für uns Deutsche sollte das Bekenntnis zur Universalität der Menschenrechte zumindest im Prinzip selbstverständlich sein. Wir haben selbst erlebt, wohin es führt, wenn die Menschenwürde nur den Angehörigen eines bestimmten Volkes oder einer bestimmten Rasse zugebilligt wird.

Aber auch sonst kann das Urteil nicht anders lauten, und auf die Zustimmung der Staaten allein kann es dabei auch nicht ankommen. Gegen sie richten sich die Menschenrechte ja in den meisten Fällen. Den Anspruch auf Beachtung und Schutz der Menschenrechte erheben Menschen, wenn sie sich von ihrer jeweiligen Obrigkeit in ihrem Wunsch nach Freiheit und Gleichwertigkeit verletzt fühlen. Gefragt ist daher ebenso die Überzeugung der Menschen, der »einfachen Leute«, wie die der Staaten.

Daraus folgt etwas, was auch Staaten und Regierungen nicht außer Betracht lassen sollten. Politische Instabilität ist fast immer auch die Reaktion auf die Mißachtung der Menschen und ihrer Rechte, und je zentraler diese Rechte sind – Recht auf Leben, Verbot von Sklaverei und Folter, Schutz vor willkürlichem Freiheitsentzug –, desto wahrscheinlicher schlägt ihre Verletzung auf das politische System zurück, das sie verletzt. Die Achtung der Menschenrechte muß von den Regierenden also nicht nur als Gebot der Gerechtigkeit, sondern auch als Gebot der Klugheit begriffen werden.

Pluralismus der Kulturen, Gemeinsamkeit der Humanität

Damit stehen wir vor der zweiten Frage, die oben aufgeworfen wurde: der Frage nach der Verwurzelung der Menschenrechte in anderen Kulturen.

Die weit verbreitete Annahme, die Wurzeln der Menschenrechtsidee seien nur in den westlichen Kulturen zu suchen, ist nicht nur eurozentrisch. Sie ist ganz einfach falsch. Wirkliche Kenner der nahöstlichen und asiatischen Kulturen wissen, daß die klassischen Quellen des Hinduismus, des Konfuzianismus, des Buddhismus und des Islam ähnliche Standards der Humanität aufgestellt haben wie die griechische Antike, das Judentum und das Christentum, auf denen unsere Kultur beruht.

Alle haben sie eine Ethik der Humanität begründet. In allen gilt beispielsweise die Goldene Regel: »Was du nicht willst, das man dir tu', das füg auch keinem andern zu.« Schon dieser Satz würde, in die Wirklichkeit übertragen, den ganzen Kernbereich der Menschenrechte abdecken, von dem soeben die

Rede war. Denn wer will schon umgebracht, gefoltert oder ins Gefängnis gesperrt werden? Zumindest der Kernbereich der Menschenrechte ist also unmittelbarer Ausfluß der Goldenen Regel, und diese gilt, wie dargelegt, in allen Kulturen.

Man vergißt zu oft, daß Konfuzius und Sokrates im gleichen Jahrhundert lebten. Sie wußten zwar nichts voneinander, aber sie plädierten für die gleiche Ethik der Menschlichkeit, die gleiche Unterscheidung zwischen Gut und Böse, die gleiche Überwindung von Unrecht und Gewalt.

Freilich müssen dann auch Aristoteles und Konfuzius nebeneinandergestellt werden, die eine wesentliche Weggabelung markieren. Gewiß: Beide unterschieden zwischen Recht und Ethik. In der aristotelischen Tradition gewannen dann aber das Recht und mit ihm die bürgerlichen Freiheiten an Gewicht, während in der konfuzianischen Tradition die Ethik und mit ihr die bürgerlichen Pflichten in den Vordergrund traten. Man kann beiden nur wünschen, daß sie sich wieder aufeinander zu bewegen möchten. Wenn Konfuzius und Aristoteles heute noch lebten, würden sie wohl nachdrücklich dazu raten. Schließlich haben sie beide auch den Gedanken der »richtigen Mitte« verfochten.

Noch ein weiteres Beispiel: Der klassische Islam des 9. bis 13. Jahrhunderts war ungleich toleranter, aufgeklärter und humaner als die christlichen Gesellschaften der gleichen Zeit, und in sozialer Hinsicht ist der Islam seit je egalitärer gewesen als mancher andere Kulturkreis. Eine prinzipielle Menschenrechtsfeindlichkeit signalisiert auch das nicht.

Das sollte uns vorsichtig im Urteil werden lassen, auch wenn wir beobachten, daß Regierungen in anderen Teilen der Welt die politische Bedeutung der Menschenrechte anders einstufen als wir. Ob wir es wollen oder nicht: Wir müssen das auch dann mitbedenken, wenn wir es nicht gutheißen können. Vor allem aber sollten wir uns in die Lage solcher Regierungen versetzen, ehe wir sie anprangern oder mit unseren Ratschlägen überziehen.

Wissen wir genug
von den Problemen der anderen?

Ich wiederhole: Im Kernbereich der Menschenrechte – beim Verbot von Folter und Sklaverei, beim Recht auf Leben, beim Verbot des willkürlichen Freiheitsentzugs – gibt es keine kulturelle Rechtfertigung für eine Verletzung, zumindest keine, die wir akzeptieren könnten. Das hat die Wiener Menschenrechtskonferenz von 1993 erneut und zu Recht hervorgehoben. Schließlich haben alle Mitgliedsländer der Vereinten Nationen die Menschenrechtserklärung von 1948 akzeptiert, und ebenso haben sie die Charta der Vereinten Nationen unterschrieben, die schon in ihrer Präambel die Würde der menschlichen Person betont. Die Folter ist für einen Inder genau so unerträglich wie für einen Deutschen oder Briten, die Verhaftung ohne faires Gerichtsverfahren ist für eine Iranerin ebenso schlimm wie für einen Argentinier. Dieses zivilisatorische Minimum ist aus den Gedankensystemen

aller Hochkulturen ableitbar. Es ist auch nicht verhandelbar. Es ist ein Essentiale der Weltzivilisation.

Aber jenseits dieses Kernbereichs gibt es Zonen
von geringerer Sicherheit. Ich frage mich in diesem
Zusammenhang mitunter, ob wir in Deutschland
wirklich eine Vorstellung davon haben, vor welchen
Problemen andere Staaten stehen. Wissen wir wirklich, was es bedeutet, in Indien 900 Millionen, in
China 1,2 Milliarden Menschen zu ernähren?
Machen wir uns hinreichend klar, daß in diesen
Ländern die uneingeschränkte Gewährung des
Menschenrechts auf Freizügigkeit die Landflucht
von Hunderten Millionen Menschen und damit
unvorstellbares Massenelend in verslumten Städten
nach sich ziehen kann? Vielleicht hilft es ja, sich diese Größenordnungen einmal zu vergegenwärtigen.
Bei uns bricht jedenfalls schon die Furcht vor Über-
fremdung und Arbeitsmarktkonkurrenz aus, wenn
einige hunderttausend Süd- und Osteuropäer ins
Wandern kommen.

Haben wir – ein weiteres Beispiel – ein Gefühl
dafür, wie sehr in manchen Regionen der Welt der
Kampf ums Überleben zur Einordnung des Menschen in die Familie und andere gesellschaftliche
Gruppen geführt hat? Ich bin weit davon entfernt,
Kasten-, Clan- und Klassengesellschaften samt den
ihnen zugrunde liegenden Formen der Ungleichbe-
handlung, ja Diskriminierung von Menschen zu
entschuldigen. Aber ich warne auch hier vor Ver-
ständnislosigkeit und vor allem vor Überheblich-
keit. Schließlich fällt es uns bereits schwer, die
Gleichberechtigung der Geschlechter, eines der

nächstliegenden Prinzipien überhaupt, nicht nur im Gesetz, sondern auch im beruflichen Alltag zu verwirklichen.

Und noch eines: Haben wir ein Patentrezept dafür, wie die rapide Wirtschaftsentwicklung und der fundamentale Strukturwandel, in dem sich beispielsweise Länder wie Rußland oder China heute befinden, ohne soziale Verwerfungen und ohne Ungerechtigkeiten bewältigt werden sollen? Tun wir uns nicht schon mit dem vergleichsweise »leichten« Fall der neuen Bundesländer schwer? Und hatten wir nicht bis weit in unser Jahrhundert hinein eine ebenfalls menschenrechtswidrige »soziale Frage«, die aus vergleichbaren Umbrüchen entsprang?

Für einen unbeirrbaren Pragmatismus

Es bleibt noch der dritte und wichtigste Schritt. Wie sieht die Strategie aus, die wir zur Verwirklichung der Menschenrechte anwenden sollten? Aus meinen bisherigen Ausführungen ergeben sich, wie ich meine, fünf Konsequenzen.

1. Ich plädiere für Unbeirrbarkeit in der Zielsetzung. Unser Ziel ist die weltweite Achtung der Menschenrechte, wie sie insbesondere in der Allgemeinen Erklärung der Menschenrechte der Vereinten Nationen vom 10. Dezember 1948 niedergelegt sind. (Und wenn gefragt wird, ob ein Parlament wie der Deutsche Bundestag eine Resolution über Menschenrechtsprobleme in einem anderen Land verab-

schieden darf, so lautet meine Antwort eindeutig
»ja«.)

2. Bei der Verwirklichung des Ziels plädiere ich aber
für Pragmatismus. Nur »Bekennermut« zu zeigen –
und das meist auch noch ohne Gefährdung der eigenen Person – hat keinen Sinn; es geht um die
tatsächliche Verbesserung tatsächlicher Verhältnisse.

Solcher Pragmatismus ist etwas fundamental
anderes als zielloses Durchwursteln oder gar
Opportunismus. Er ist eine rationale Methode zur
Annäherung an ein für richtig erkanntes Ziel. Amerikanische Philosophen haben diese Methode auch
auf die Politik übertragen, und wir tun gut daran,
sie uns zu eigen zu machen.

Am erfolgreichsten war dieser Pragmatismus bisher in der menschenrechtsorientierten Politik des
KSZE-Prozesses. Mehrere Ebenen des Handelns
waren in ihm verbunden: Ständiger politischer Dialog bei gleichzeitigem Eintreten für die Menschenrechte, wirtschaftliche Zusammenarbeit, Vervielfäl-
tigung der Kommunikation, vertrauensbildende
Maßnahmen.

Die damals praktizierte Methode läßt sich verall-
gemeinern. Wer sich bewußt ist, daß menschliches
Handeln stets mit dem Risiko der Fehlbarkeit und
Unvollständigkeit behaftet ist, der wird sich, wenn
es zu einem Ziel mehrere Wege gibt, nicht dogma-
tisch für den einen und gegen den anderen entscheiden, sondern er wird beide nebeneinander beschrei-
ten.

3. Ich plädiere dafür, bei der Formulierung unserer Menschenrechtspolitik sorgfältig zu differenzieren. Im Kernbereich der Menschenrechte kann es, wie schon ausgeführt, keine Relativierungen geben. In allen anderen Fragen aber muß jedes einzelne Problem gesondert betrachtet werden, auch unter Einbeziehung der kulturellen und entwicklungsbedingten Besonderheiten des betreffenden Landes. Und bei der Festlegung des konkreten politischen Handelns empfiehlt es sich, zumindest auch nach den Erfolgschancen einer Intervention, nach der Geeignetheit des Zeitpunkts und nach der richtigen politischen Ebene des Einsatzes zu unterscheiden.

4. Ich plädiere aus den schon genannten Gründen für eine Strategie der weltweiten Demokratisierung als Mittel zur Verwirklichung der Menschenrechte. Natürlich dürfen wir in einem Land nicht erst für die Menschenrechte eintreten, wenn das Ziel der Demokratisierung bereits erreicht ist. Aber soviel ist richtig: Wenn auch nicht jede Demokratie heute schon durch eine einwandfreie Menschenrechtspolitik besticht, so ist die Wahrscheinlichkeit bei ihr doch wesentlich größer, daß sie sich dieses Ziel setzt und es auch nach Kräften anstrebt, als bei jeder anderen Staatsform.

Es gibt Länder, die sich zu Demokratie und Rechtsstaat bekennen oder jedenfalls ernsthaft auf dem Wege dazu sind, die aber noch unter »Altlasten« aus früheren Zeiten (etwa im Strafvollzug, in der Führung und Ausbildung der Polizei o.ä.) leiden. Sie müssen immer wieder auf diese Probleme hingewiesen, ggf. auch durch konkrete Maßnahmen zu ihrer Lösung veranlaßt und dabei unterstützt werden. Aber sie sollten zugleich etwas von dem Vertrauen spüren, das wir in ihre demokratische und rechtsstaatliche Entwicklung setzen.

Bei Ländern, die sich bewußt nicht – oder noch nicht – zu Demokratie und Rechtsstaat bekennen, spricht zumindest die KSZE-Erfahrung gegen einen ausschließlichen Konfliktkurs und für die Methode des »Bohrens dicker Bretter«. Zur Zeit der KSZE war die Sowjetunion nicht bereit, mit sich über ihre innere Menschenrechtslage reden zu lassen. Ein Abbruch der Beziehungen zu ihr hätte damals gravierende Folgen auch für den Westen gehabt; denn er hätte selbstverständlich auch zum Ende aller Rüstungskontrollverhandlungen geführt. Es war also die bessere Strategie, die Beziehungen aufrechtzuerhalten und die Menschenrechtspolitik auf multi- und transnationale Ebenen zu verlagern.

Außerdem wurde zunehmend eine Politik der Kontakte unterhalb der Regierungsebene betrieben. Vielfältig und dezentral, teilweise sogar höchst spontan unterstützte sie noch vor dem Ende des kalten Krieges die Bildung eigenständiger Formen einer Bürgergesellschaft, die später, beim Übergang zur Demokratie und ihrem Aufbau, wertvolle Hilfen leisten konnten. Die Beispiele Polens, Ungarns und der seinerzeitigen Tschechoslowakei weisen darauf hin, daß es sich hierbei um eine in vielen Teilen der Welt wirksame Methode handeln könnte.

5. Das gilt selbstverständlich auch für die Frage der wirtschaftlichen Beziehungen. Die Alternative »Menschenrechte oder Profitgier« ist hier zu billig, und der Abbruch aller wirtschaftlichen Beziehungen kann sich unter bestimmten Voraussetzungen als ein gewiß tapferes, dafür aber auch unwirksames Mittel der Politik erweisen. In Südafrika haben, wie man heute weiß, die Wirtschaftssanktionen der Amerikaner zur Überwindung des Apartheidssystems beigetragen. Ähnliche Sanktionen gegen die Sowjetunion wären damals wohl unwirksam geblieben und wurden deshalb gar nicht versucht. Ich bin nicht ganz sicher, ob man daraus einen allgemeinen Erfahrungssatz des Inhalts herleiten kann, daß Wirtschaftssanktionen überhaupt nur gegenüber Ländern wirken, die bereits marktwirtschaftlich organisiert sind und überdies ein starkes politisches Interesse an freundschaftlichen Beziehungen mit der westlichen Staatengemeinschaft haben. Aber ich halte einen solchen Satz zumindest für bedenkenswert.

Deshalb – und nicht wegen ökonomischer »Gewinnmaximierung« – plädiere ich für eine fortgesetzte Strategie des wirtschaftlichen Austausches. Dazu ermutigen mich die Erfahrungen mit den neuen asiatischen Demokratien, von den christlichen Philippinen über das konfuzianische Korea und das buddhistische Thailand bis zum islamischen Malaysia. Überall dort hat sich gezeigt, daß die Bildung eines wirtschaftlich erfolgreichen und dementsprechend selbstbewußten Mittelstandes auch den Hoffnungen der Bevölkerung auf Demokratie zum

Durchbruch verhelfen kann. Denn Marktwirtschaft setzt Vertragsfreiheit und Vertragssicherheit – und damit ein erhebliches Maß an individueller Freiheit und an Rechtsstaatlichkeit – voraus. Menschen, die sich unter solchen Bedingungen wirtschaftlich betätigen und damit Erfolg haben, werden eines Tages auch politische Mitverantwortung fordern – und bekommen.

Natürlich ist wirtschaftliche Entwicklung nicht der einzige Weg zur Demokratie. In Burma führt uns eine Friedensnobelpreisträgerin vor, wie im Buddhismus wurzelnde demokratische Erwartungen der Mehrheit sich bereits artikulieren, ehe die wirtschaftliche Entwicklung der umgebenden Region im eigenen Land nachvollzogen ist. Aber auch hier gilt die pragmatische Einsicht: Wo immer mehrere Wege offenstehen, sollten sie alle beschritten werden. Wo immer also die Strategie der wirtschaftlichen Entwicklung sich anbietet, sollte auch sie versucht werden.

Wirtschaftlicher Austausch fördert nicht nur die wirtschaftliche Entwicklung des Partnerlandes, und er stabilisiert auch nicht automatisch das Regierungssystem. Denn er transportiert zugleich unsere Vorstellungen von Menschenrechten. Wir können Menschenrechte in anderen Staaten ja nicht dekretieren, sondern wir müssen überzeugen. Die Chancen dafür stehen gut. Es ist unverkennbar, daß gerade das deutsche Modell der sozialen Marktwirtschaft auf der ganzen Welt, von Nicaragua bis China, Anhänger findet. Gerade wir können dafür werben, die ungeheuren Kreativitätsreserven, die in den Völkern schlummern, dadurch freizusetzen, daß ihnen die Möglichkeit gegeben wird, sie in offenen Gesellschaften und sozialen Marktwirtschaften zu mobilisieren. Daß dafür Zeit benötigt wird und der Erfolg nicht von heute auf morgen zu erreichen ist, ist kein Argument gegen die Methode, höchstens gegen ihre alleinige Anwendung.

Ich plädiere also, zusammenfassend, für die Überwindung des dogmatischen Schulenstreits, der unsere Menschenrechtspolitik augenblicklich beherrscht. Da uns das Ziel eint, können wir nur gewinnen, wenn wir uns nicht gegenseitig Heuchelei vorwerfen. Realismus und Idealismus, Interessenpolitik und Verantwortungspolitik schließen sich nicht aus. Mit der Sowjetunion über Sicherheitspolitik zu sprechen war nicht unmoralisch. Ebensowenig ist es unmoralisch, beim Wirtschaftsaustausch mit konfuzianischen und islamischen Staaten an den Transport der Menschenrechte, an die Vermeidung des »Clash of Civilizations« und an die Schaffung von Arbeitsplätzen in Deutschland zu denken.

Es ist schließlich nicht unmoralisch, wenn wir über die Wahl der Mittel unserer Menschenrechtspolitik im Einzelfall nachdenken. Gesinnungsethik verpufft, wenn sie nicht durch Verantwortungsethik ergänzt wird. Die deklaratorische Menschenrechtspolitik bleibt ohnmächtig, wenn ihr nicht strategisches Handeln folgt.

4 Asien und der Westen

(Auszüge aus einer Ansprache anläßlich eines Abendessens, gegeben zu Ehren des Präsidenten der Volksrepublik China, Jiang Zemin, 13. Juli 1995)

(...) Europas Interesse an China ist genau 700 Jahre alt. Nachdem Marco Polo 1295 von seiner Reise in das Reich der Mitte zurückkehrte, wurde China für Europa ein Attraktionspol kultureller Faszination, wissenschaftlicher Entdeckungslust und wirtschaftlicher Interessen. Es gibt in der Geschichte der Menschheit kaum ein eindrucksvolleres und länger währendes Beispiel einer solchen Anziehungskraft zwischen Kulturen.

Dieses Interesse ist nicht überraschend, wenn man bedenkt, daß Europäer und Chinesen nicht erst vor 700 Jahren, sondern bereits vor 2500 Jahren – unabhängig voneinander, aber annähernd zur gleichen Zeit – begannen, sich die gleichen Fragen zu stellen. Man vergißt zu oft, daß Konfuzius und Sokrates im gleichen Jahrhundert lebten. Sie wußten zwar nichts voneinander, aber es ging ihnen um die gleiche Humanität, die gleiche Vernunft, die gleiche Suche nach Erkenntnis, die gleichen Unterscheidungen zwischen Gut und Böse, die gleiche Überwindung von Unrecht und Gewalt.

In diesen Tagen ist es Mode geworden, vom Kampf der Zivilisationen als nächstem großen Konflikt nach dem Ende des kalten Krieges zu sprechen. Ich bin der Auffassung, daß alle politisch Verantwortlichen gemeinsam dafür Sorge tragen sollten, daß dieses Szenario nicht zur sich selbst erfüllenden Prophezeiung wird. Ich habe deswegen im Januar in Davos an die »Goldene Regel« erinnert, die man bei Konfuzius ebenso wie in der Bibel, im Buddhismus und Hinduismus findet: »Was du nicht willst, das man dir tu', das füg auch keinem andern zu.« Ich war höchst erfreut zu hören, daß der Außenminister der Volksrepublik China im Mai auf einer Konferenz in Peking die gleiche Regel zitierte.

Aristoteles differenzierte ebenso wie Konfuzius zwischen Recht und Ethik. In der westlichen Tradition gewannen dann das Recht und mit ihm die bürgerlichen Freiheiten größeres Gewicht, in der konfuzianischen die Ethik und mit ihr die bürgerlichen Pflichten. Aus meiner eigenen beruflichen Erfahrung kann ich unseren beiden Kulturen nur wünschen, daß sie sich – bei aller Unterschiedlichkeit ihrer Lebensformen – auf die Mitte dieser Balance zu bewegen. Aristoteles und Konfuzius selbst würden uns das, wenn sie heute lebten, nachdrücklich raten. Denn beide waren Verfechter der »richtigen Mitte« bei der Lösung menschlicher und politischer Probleme.

Genau besehen wissen wir nicht wenig voneinander. Schon seit Jahrzehnten gibt es in China und in Deutschland eine akademische Forschung und Lehre über das jeweils andere Land. An deutschen Universitäten wird Chinesisch, an chinesischen Universitäten Deutsch gelehrt.

Von Ihnen, Herr Präsident, heißt es gar, Sie können auf deutsch Verse aus einem Gedicht Goethes zitieren. Die beste Erwiderung Ihres Interesses an deutscher Literatur finden wir in Goethes Werk selbst. Kenner haben mich auf ein Gedicht Goethes hingewiesen, das mit Mitteln der Sprache das malerische Bild einer chinesischen Landschaft in der Dämmerung vor dem geistigen Auge erscheinen läßt. Es paßt zu der Abendstunde, die wir gerade gemeinsam verbringen, und ich habe mir deswegen erlaubt, Ihnen den Text neben Ihr Gedeck legen zu lassen.

Der Austausch von Studenten und Wissenschaftlern zwischen unseren Ländern zählt inzwischen nach vielen Tausenden. Die modernen Kommunikationsmittel tragen in Sekunden umfangreiche Informationen in beide Richtungen, in den Zeitungen lesen wir regelmäßig übereinander. Flugzeuge befördern Tag für Tag Hunderte von Geschäftsleuten und Touristen von China nach Deutschland und umgekehrt. Wir kommen uns näher, wir lernen immer mehr voneinander.

So wissen wir auch, daß sich unsere Vorstellungen in einer für Sie und uns zentralen Frage noch deutlich unterscheiden. Ich spreche von dem Verhältnis zwischen dem Individuum auf der einen und der Gesellschaft, dem Staat, auf der anderen Seite. Hier ist – das wird niemand bestreiten – Raum für ernsthafte Gespräche: Wie weit geht das Recht des einzelnen gegenüber der Gesellschaft, das der Gesellschaft gegenüber dem einzelnen? Welche Mittel gestehen wir beiden Seiten zu, diese Rechte durchzusetzen und zu verteidigen? Wie sind diese Rechte verbürgt?

Der Dialog über diese Fragen ist in Gang gekommen. Er kann, wie gesagt, auf beiden Seiten an bewährte Traditionen anknüpfen. Unser gemeinsames Ziel ist ein vom gesellschaftlichen Konsens getragenes Miteinander der Individualrechte und der Rechte der Gesellschaft. Die Gewichtung der beiden wird nicht in allen Ländern der Welt gleich sein können. Doch darf sie weder Leid für den einzelnen noch Gefahr für die Stabilität der Gesellschaft bringen. Unsere deutsche Erfahrung der vergangenen Jahrzehnte hat uns jedenfalls gezeigt: Gesellschaftliche Stabilität ist am besten gewährleistet, wenn die Teilnahme eines jeden einzelnen Bürgers an den staatlichen Entscheidungen sowie seine persönlichen Freiheiten gesetzlich geregelt und tatsächlich durchsetzbar sind. (...)

(Auszüge aus einer Rede anläßlich der Verleihung der Ehrendoktorwürde der Juristischen Fakultät der Waseda-Universität, Tokio, 7. April 1997)

(...) Ein außenpolitisches Problem, das Japan und Deutschland vielleicht in besonderem Maße herausfordert, ist gedanklicher und kultureller Natur. Ich meine das Szenario eines globalen Kulturkampfes, das angeblich der nächste große Konflikt nach dem Ende des kalten Krieges sein soll. Ich halte dieses Szenario für wissenschaftlich und ethisch fragwürdig. Seine Gefährlichkeit besteht aber darin, daß es sich im Denken der Eliten – sowohl im Westen als auch in Asien – festsetzen und als »self-fulfilling prophecy« selbst zu einem neuen Sicherheitsrisiko werden könnte. Ich bin überzeugt, daß Japan und Deuschland über besonders gute geistige und historische Voraussetzungen verfügen, um der Verwirklichung dieses Szenarios entgegenzuwirken.

Das bringt mich zur zweiten Begründung meines Werbens für eine deutsch-japanische Partnerschaft in Verantwortung, nämlich dem reichen Schatz gemeinsamer Werte und historischer Erfahrungen. Es ist ja nicht so, als ob Deutsche und Japaner gegenwärtig zum erstenmal vor großen Herausforderungen stünden. Auch wenn wir heute über unsere Probleme an der Schwelle zum 21. Jahrhundert nachdenken, tun wir gut daran, uns daran zu erinnern, welche geistigen und ethischen Kraftquellen uns in der Geschichte geholfen haben, uns in Situationen der Ungewißheit zu orientieren, Probleme zu lösen, Fehler zu korrigieren, Visionen für die Zukunft zu entwickeln.

Wenn ich von gemeinsamen Werten und Erfahrungen spreche, dann meine ich nicht nur die 400jährige Geschichte gegenseitiger kultureller Faszination seit der Ankunft des Jesuiten Franz Xaver in Japan im Jahre 1549. Diese Geschichte ist oft beschrieben worden, und ich will sie nicht wiederholen. Aber daß darin Forschungsreisende wie Engelbert Kämpfer, Dichter wie Goethe, Mediziner wie Philipp-Franz von Siebold, Staatserneuerer wie Ito Hirobumi, Juristen wie Heinrich Rössler, Helden des Herzens wie Mori Ōgai, musizierende Kriegsgefangene wie die von Bando, Physiker wie Einstein und philanthropische Industrielle wie Hajime Hoshi unvergeßliche Rollen gespielt haben, läßt uns ahnen, daß es eine Affinität ganz eigener Art zwischen Japan und Deutschland gibt. Schon die Tiefe dieser Affinität sollte uns vor dem allzu schnellen Schluß warnen, daß zwischen asiatischen und westlichen Werten gleichsam naturgegeben ein »Clash of Civilizations« droht.

Erlauben Sie mir, bei diesem für unsere beiden Länder so wichtigen Thema noch einen Schritt weiter zu gehen. Noch aufschlußreicher als die Gegenseitigkeit der kulturellen Faszination in den letzten 400 Jahren sind die zivilisatorischen Gemeinsamkeiten, die unsere Kulturen schon lange vor dem 16. Jahrhundert, aber auch noch danach ohne Kontakt zueinander, ja sogar ohne Kenntnis voneinander entwickelt haben.

Wir vergessen zum Beispiel zu oft, daß Buddha, Konfuzius und Sokrates im gleichen Jahrhundert gelebt haben und daß es ihnen um die gleiche Humanität, die gleiche Vernunft, die gleiche Suche nach Erkenntnis, die gleichen Unterscheidungen zwischen Gut und Böse ging. Ich werde nicht müde, den Anhängern des globalen Kulturkampfszenarios die »Goldene Regel« entgegenzuhalten, die man bei Konfuzius und in der Bibel in nahezu gleichem Wortlaut und in der einen oder anderen Form in allen großen Kulturen findet: »Was du nicht willst, das man dir tu', das füg auch keinem anderen zu.« Natürlich gibt es in unserer pluralistischen Welt eine Vielfalt von Religionen, Philosophien und Traditionen. Und natürlich ist es richtig, daß die Menschen in Zeiten großer Umwälzungen dazu neigen, sich auf ihre jeweils eigenen ethischen Wurzeln zurück-zuziehen. Aber bedeutet das notwendig, daß wir bei gemeinsamen Problemen der Gegenwart zu gegensätzlichen Lösungen mit konfliktbeladenen Konsequenzen kommen müssen?

Wenn das so wäre, wie könnte dann Japan, so frage ich mich, zum Muster einer Konsensgesellschaft geworden sein? Bilden hier nicht Schintoismus, Buddhismus und Konfuzianismus zusammen eine Lebenswelt von beispielhafter Harmonie? Ich will Ihnen gern gestehen, daß diese kulturelle Harmonie Japans einer der Gründe ist, warum ich meinem Besuch in diesem Land mit besonders großem Interesse entgegengesehen habe. Ich halte das friedliche und schöpferische Miteinander der Religionen und Philosophien für eine der großen Aufgaben unserer Zeit, und ich würde mir wünschen, daß die Propheten des Kulturkampfes das japanische Beispiel pragmatischer Toleranz zur Kenntnis nähmen.

Ebenso bemerkenswert wie die Gemeinsamkeit des ethischen Kerns der westlichen und asiatischen Kulturen ist die Vergleichbarkeit der großen Epochenwechsel, der Rückschläge und Fortschritte, der Verkrustungen und Erneuerungen in der Geschichte Japans und Deutschlands. Man denke beispielsweise an die Übernahme und gleichzeitige Veränderung römischer Traditionen in Deutschland und chinesischer Traditionen in Japan im frühen Mittelalter. Man denke an den hochmittelalterlichen Feudalismus, den es in der Weltgeschichte nur in Japan und Europa gab, und an seine Überwindung durch eine blühende Kaufmannschaft und modern anmutende Waren- und Finanzmärkte in Osaka ebenso wie in den freien Reichsstädten Deutschlands. Man denke schließlich daran, daß der japanische Mathematiker Kowa Seki Zeitgenosse von Leibniz und Newton war und im abgeschlossenen Japan der Tokugawa-Ära dieselben Sätze der Infinitesimalrechnung fand wie diese.

Daß das Deutschland der Humboldtschen Reformen und das Japan der Meiji-Erneuerung im 19. Jahrhundert zur Partnerschaft wie geschaffen erschienen, kann in dieser Rückschau eigentlich nicht mehr verwundern. Die dann im 20. Jahrhundert folgenden Höhen und Tiefen der deutsch-japanischen Gemeinsamkeit sind uns allen noch so präsent, daß ich sie nicht erläutern muß. Sie sind voller Mahnungen, wenn wir uns die Kriege und das Scheitern der Demokratie in der ersten Hälfte des Jahrhunderts in Erinnerung rufen. Aber sie sind auch voller Ermutigungen, wenn wir das Wunder des Wiederaufbaus und die Bewährung der Demokratie in der zweiten Hälfte betrachten.

Der Bogen von den klassischen Quellen und historischen Erfahrungen unserer Kulturen zur Gegenwart und Zukunft ist also leicht geschlagen.

Das bringt mich zum dritten Grund meines Plädoyers für deutsch-japanische Partnerschaft in Verantwortung: unserem naheliegenden Interesse an der Entwicklung gemeinsamer Visionen für die Zukunft.

Wir sind, wie mir scheint, schon intensiv mit der Entwicklung solcher Visionen beschäftigt, auch wenn das Erscheinungsbild der öffentlichen Debatte immer noch stark von depressiven Selbstzweifeln bestimmt wird. Immerhin diskutieren wir schon über Lösungen der eingangs geschilderten Probleme von Wirtschaft, Gesellschaft, Kultur und Außenpolitik. Und so ähnlich die Problemanalysen waren, so ähnlich sind auch die deutschen und japanischen Gedanken über mögliche Problemlösungen.

In beiden Ländern wird zunehmend erkannt, daß wir gar keine andere Wahl haben, als aus der Globalisierung das Beste zu machen. Man sieht auch, daß das nicht ohne Deregulierung der Wirtschaft, ohne Mobilisierung der Gesellschaft und ohne die Mobilisierung der kreativen Kräfte unserer Kulturen möglich sein wird. Das bedeutet nicht, daß wir unser Heil in einem neuen Sozialdarwinismus suchen und uns dem Recht des Stärkeren überlassen müssen. Die Suche nach Konsens, die unsere Länder in den letzten 50 Jahren ausgezeichnet hat, sollten wir nicht ohne Not aufgeben. Die »Goldene Regel« bietet, wie schon gesagt, als Grundnorm menschlicher Zivilisation auch heute Orientierung, und zwar gleichermaßen für private und politische Entscheidungen.

Das gilt auch für die Lösung unserer demographischen Probleme. Wir dürfen nicht einfach mit ansehen, wie die Zukunftschancen der schrumpfenden Zahl junger Menschen durch die Versorgung der wachsenden Zahl alter Menschen verbaut werden. Ebensowenig dürfen wir aber auch den Alten, denen wir den Wiederaufbau nach dem Kriege verdanken, den Rücken kehren und sie um die Sicherheit ihres verdienten Lebensabends berauben. Beides verbietet ebenfalls die »Goldene Regel«, die hier einen geradezu klassischen Anwendungsfall findet. Es gibt keine statische Lösung aus diesem Dilemma. Weder Umverteilen noch Sparen allein wird helfen. Auch die bisherigen Muster der Wachstumspolitik mit dem Mittel fiskalischer Expansion greifen nicht mehr. Im übrigen lassen schon unsere verschuldeten Staatshaushalte kaum noch Spielräume dafür.

Was wir brauchen, ist eine neue Form des Wachstums, nämlich wissengestütztes Wachstum. Unsere Länder stehen kurz vor dem 21. Jahrhundert an einer ähnlichen Schwelle wie Deutschland zur Zeit der Humboldtschen Reformen und Japan zur Zeit der Meiji-Erneuerung. Wir müssen erneut massiv in Forschung und Bildung investieren. Um der Falle der ökologischen und fiskalischen Wachstumsgrenzen herkömmlicher Art zu entkommen, müssen wir auf die Entwicklung des sogenannten Humankapitals setzen. Wissen ist unbegrenzt. Und: Das aus der klassischen Nationalökonomie bekannte Gesetz der abnehmenden Erträge gilt nicht für Investitionen in die Köpfe.

All das ist möglich, wenn man nur will. Wir Deutschen blicken noch heute mit Bewunderung auf die Vision der mikroelektronischen Revolution, die Japan in den 70er Jahren gegen viele Widerstände entwickelt und im Laufe eines Jahrzehnts mit triumphalem Erfolg umgesetzt hat. Pragmatische Strategien dieser Art brauchen wir auch zur Lösung unserer heutigen Probleme. Worauf es ankommt, ist die Verbindung zielbewußten Handelns mit der Einsicht in die Fehlbarkeit menschlicher Erkenntnis und der jederzeitigen Bereitschaft zur Korrektur falscher Entscheidungen. Das Beispiel der neuen amerikanischen Dynamik in Wirtschaft, Wissenschaft und Technologie zeigt, daß das auch heute noch möglich ist. Man erinnere sich, daß die USA sich noch am Ende der 80er Jahre in einer ähnlich depressiven Stimmung befanden wie Japan und Deutschland heute. Das sollte uns Ansporn sein, uns aus der Depression zu befreien und uns der Gestaltung der Zukunft von Wirtschaft, Gesellschaft und Kultur zuzuwenden.

Wir stehen ja erst am Beginn der Nutzung der neuen Souveränität, die uns Globalisierung und Informationstechniken bieten. Wir müssen uns fragen, ob wir sie schon ausreichend nutzen und ob wir sie richtig nutzen. Es gilt vor allem zu erkennen, daß wir den technischen Fortschritt nur dann voll und richtig nutzen können, wenn ihm der geistige, mentale und kulturelle Fortschritt stets einen Schritt voraus ist.

Auch Investitionen in außenpolitisches Wissen sind nötig, wenn Deutschland und Japan ihrer wachsenden internationalen Verantwortung gerecht werden wollen. Das Rüstzeug für die Entfaltung von »soft power« ist letztlich ebenfalls in den Erkenntnissen der Wissenschaft und in der Ausstrahlung der Kultur zu suchen. Auch hier liegt ein Schlüssel zum langfristigen Erfolg in einer vorausschauenden Bildungspolitik, die für das 21. Jahrhundert geeignet ist.

Ein anderer Schlüssel liegt jedoch, vergessen wir das nicht, in unserer eigenen Geschichte und ihrem reichen Erfahrungsschatz von der Antike bis in unser Jahrhundert. Die »Goldene Regel«, die ich ein letztes Mal erwähnen möchte, ist auch in der Außenpolitik aktueller denn je. Sie ist die machtvollste Widerlegung des Kulturkampfszenarios, die man sich denken kann. Ich war erfreut zu hören, daß auch der chinesische Außenminister auf einer Konferenz in Bejing im Mai 1995 die konfuzianische Version dieser Regel zitierte. Sie verpflichtet zu guter Nachbarschaft in Asien ebenso wie in Europa. Und sie verpflichtet zu guter Nachbarschaft zwischen Asien und Europa. Hier öffnet sich für Deutschland und Japan ein weites Feld partnerschaftlicher Verantwortung. Sie können es zu ihrer vornehmsten Aufgabe machen, als Inspiratoren und Vorbilder guter Nachbarschaft zu wirken.

Es hat in der Geschichte der Beziehungen zwischen unseren beiden Ländern Perioden intensiven deutschen Lernens von Japan und intensiven japanischen Lernens von Deutschland gegeben. Was vor uns liegt, ist die Chance gleichzeitigen Lernens voneinander, und damit meine ich auch das Lernen aus Fehlern. Wenn uns das gelingt, können wir zur Entstehung einer lernenden Gesellschaft im globalen Rahmen, zu einer lernenden Weltgesellschaft beitragen. Am Ziel dieses Lernens kann es keinen Zweifel geben. Der Menschheitsauftrag des 21. Jahrhunderts ist die Humanisierung der Welt.

5   Auf dem Weg zu einer universellen Zivilisation

(Auszüge aus einem Grußwort im Institute of Islamic
Understanding [IKIM] in Kuala Lumpur, 3. April 1997)

Das Institute of Islamic Understanding ist, wie ich
höre, das erste und einzige Institut seiner Art, das
sich um kulturelles Verständnis im doppelten Sinne
– der Erkenntnis und der Verständigung – bemüht
und damit gerade auch das Gespräch mit Vertretern
anderer Religionen und Kulturen sucht.

Sie haben sich und Ihr Institut dem Dialog zwischen den Kulturen verschrieben, d. h. einem Anliegen, das ich für eines der wichtigsten unserer Zeit
halte, ein Thema, das Asien und Europa unausweichlich vereint.

Mit dem Ende des kalten Krieges ist ja keineswegs
das Ende der Geschichte gekommen. Einerseits
scheint die Globalisierung der Märkte, der Techno-
logien, der Medien, ja sogar der interagierenden
Kulturen unaufhaltsam. Andererseits beobachten
wir immer wieder, auch in scheinbar aufgeklärten
Gesellschaften, den Reflex zum Rückzug in nationale oder kulturelle Wagenburgen, das Denken in
Kategorien der Macht, das Malen von Feindbildern.
Das modische Szenario vom »Clash of Civilizations«, das der Welt anstelle des kalten Krieges
nun einen globalen Kulturkampf prophezeien will,
ist ein typisches Beispiel dieser Denkungsart. Ich
halte dieses Szenario für wissenschaftlich und

ethisch fragwürdig. Wenn es aber in den Medien Verbreitung findet und sich im Denken der Eliten festsetzt, meine Damen und Herren, kann es leicht zur »self-fulfilling prophecy« werden.

Amerika, Asien und Europa haben gleichermaßen ein – durchaus auch ein sicherheitspolitisches – Interesse, den gedanklichen Trugschlüssen dieses Szenarios entgegenzutreten. Dazu können Institute wie das Ihre und Veranstaltungen wie die heutige Wesentliches beitragen.

Das Thema Ihrer heutigen Veranstaltung, nämlich die Frage, ob eine universale Zivilisation denkbar ist, spielt eine zentrale Rolle beim Bemühen um interkulturellen Frieden. Huntington verneint diese Möglichkeit überwiegend, wie man weiß. Das ist das Gefährliche an seinem Szenario. Bedeutet Zivilisation nicht überall auf der Welt zumindest Wahrung des Friedens, Zähmung der Gewalt, Suche nach Erkenntnis? Wissen wir überhaupt, was wir entfesseln, wenn wir den Gedanken an ein Minimum gemeinsamer Zivilisation aufgeben?

Natürlich gibt es auf der Welt mehrere Religionen und eine Vielfalt von Kulturen. Aber wie kann man ernsthaft bezweifeln, daß es ihnen allen um die Zivilisation des Menschen geht? Ich erinnere westliche Vertreter des Kulturkampfszenarios – nur als Beispiel – immer wieder daran, daß es vor 700 Jahren eine große islamische Aufklärung gegeben hat, während damals das christliche Europa in mittelalterlicher Dogmatik erstarrt war, man könnte auch sagen: Fundamentalismus. Wer modernere Beispiele vorzieht, der kann nachlesen, daß etwa das Konzept der Null, ohne die unser Dezimalsystem und das binäre System der Informatik undenkbar wären, aus dem hinduistischen Kulturkreis über den islamischen in die westliche Mathematik gelangt ist. Kann Mathematik überhaupt etwas anderes sein als Bestandteil einer universalen Zivilisation?

(Auszüge aus einer Ansprache auf dem Staatsbankett auf Einladung seiner Majestät Tuanku Ja'afar Ibn Al-Marhum Tuanku Abdul Rahman, Yang di Pertuan Agong of Malaysia, 1. April 1997)

(...) Malaysias Stimme hat wachsendes Gewicht, nicht nur in Asien, sondern auch in der weltweiten Debatte über die Perspektiven des 21. Jahrhunderts. Die unglaubliche Dynamik seiner Wirtschaft, die Kreativität und das Selbstbewußtsein seiner Menschen verbinden sich mit einer tiefgreifenden Besinnung auf die eigenen kulturellen Werte. Wie Baum und Strauch nicht ohne ihre Wurzeln leben können, so kann auch der Mensch nicht prosperieren, wenn er sich nicht seines kulturellen Erbes bewußt ist und damit seinen eigenen Standort in der Gegenwart bestimmt.

Malaysia zeichnet sich dadurch aus, daß hier Menschen ganz unterschiedlicher kultureller, religiöser, gesellschaftlicher und wirtschaftlicher Lebenswelten friedlich miteinander leben und ein harmonisches Gemeinwesen bilden. Ihr Land ist ein Beispiel für den Dialog der Kulturen, von dem auch Europa lernen kann und lernen sollte. (...)

Lassen Sie mich unterstreichen: Der Dialog zwischen Kulturen und Religionen ist eine der zentralen Aufgaben unserer Zeit. Das gilt ganz besonders für das Verhältnis zwischen Christentum und Islam. Ich möchte mir wünschen, daß Deutschland und Malaysia gemeinsam dazu beitragen, daß es nicht zur Verwirklichung des heute modisch gewordenen Szenarios eines globalen »Kampfes der Kulturen« kommt, sondern zur Entwicklung einer universalen Zivilisation, in der sich alle Kulturen frei und voll entfalten können. (...)

6 Asiatische und europäische Erfahrungen und Lehren für das 21. Jahrhundert

(Ansprache vor der Federation of Korean Industry (FKI), Seoul, 17. September 1998)

Deutschland ist mit Korea durch die Geschichte seiner Teilung und durch viele andere, mitunter sogar frappierende Gemeinsamkeiten auf einzigartige Weise verwoben.

Aber Deutschland ist Teil Europas und Korea ist Teil Asiens, und beide Regionen befinden sich zur Zeit in gewaltigen Umbruchprozessen. Beide sind aber auch wie nie zuvor herausgefordert, als Partner zusammenzuarbeiten. Ich kann also gar nicht anders, als auch von der europäischen Warte aus zu sprechen – und Korea ist, wie sich gleich noch zeigen wird, ein hervorragender Standort, um als Europäer nach Asien zu blicken.

Aber nicht nur Asien und Europa sind im Umbruch. Die sogenannte Globalisierung verändert die ganze Welt, bringt Unruhe in Nationen, Kulturen, in Volkswirtschaften und Gesellschaften. Da Deutschland und Korea, Europa und Asien in gleicher Weise davon betroffen sind, will ich auch dazu einiges sagen.

Lassen Sie mich mit dem Umbruchprozeß in Europa und Asien beginnen.

In Europa ist die heiß umstrittene Entscheidung für den Euro gefallen, und weil die Märkte inzwischen von seinem Erfolg überzeugt sind, hat »Euroland«, wie wir es ironisch nennen, sich bisher

65

gegenüber einem Meer von Währungsturbulenzen in Asien, Lateinamerika und Rußland als eine Art sicherer Hafen erwiesen. Vielleicht kann sich diese Erfahrung langfristig als nützlicher Testversuch auch für Ostasien erweisen.

Aber die härtesten Strukturanpassungen stehen der europäischen Industrie noch bevor. Währungsunion und Osterweiterung werden die europäische Union fundamental verändern. Beide werden die wirtschaftliche Dynamik im Binnenmarkt erhöhen. Aber sie werden auch den Wettbewerb verschärfen. Regionale Entwicklungsunterschiede werden aufgedeckt, ineffiziente Institutionen und wettbewerbsunfähige Unternehmen werden bloßgestellt. Die Osterweiterung wird uns ferner zur Reform der Institutionen der Union zwingen. Die Transformationsländer in Osteuropa müssen andererseits zu massiven Änderungen ihrer politischen und wirtschaftlichen Strukturen und Gewohnheiten bereit sein, wenn sie mit dem Beitritt zur Europäischen Union Erfolg haben wollen.

Zur gleichen Zeit ist Asien von einer Wirtschaftskrise betroffen, die mit einem – scheinbar isolierten – Problem in Thailand begann und inzwischen lawinenartig ganz Ost- und Südostasien erfaßt hat, krisenhafte Entwicklungen auch in Lateinamerika und Rußland ausgelöst hat und nun möglicherweise die ganze Weltwirtschaft bedroht. Die asiatische Krise hat einen Anpassungsschock ausgelöst, der kurzfristig noch bedrohlicher erscheint als der europäische und der manchem den Blick für die langfristige Perspektive verstellen mag.

Wenn man bedenkt, daß noch vor kurzem die erstaunliche Entwicklung Ost- und Südostasiens als »asiatisches Wunder« in aller Munde war, so ist es besonders eigenartig, daß die »Gurus« unserer Zeit jetzt die Krise als »typisch asiatisch« interpretieren. Anstatt vom asiatischen Wunder spricht man jetzt wieder einmal vom asiatischen Versagen. Ich halte beide Ansichten für Klischees und deswegen für falsch.

Man sollte sich von den momentanen Turbulenzen den Blick für das Wesentliche nicht trüben lassen. An der Bedeutung Ostasiens und Südostasiens für Weltpolitik und Weltwirtschaft wird sich auch in Zukunft nichts ändern. Das asiatische Wachstum fand ja nicht in einer monetären und finanziellen Luftblase statt, sondern in der realen Wirtschaft. Es war vor allem dem hohen Ausbildungsstand der Bevölkerung, einer großen Offenheit für technische Neuerungen und einer beispielhaften unternehmerischen Dynamik zu verdanken. Diese Qualitäten sind nicht verlorengegangen.

Auch der in manchen Medien hochstilisierte Gegensatz zwischen westlichen und asiatischen Wirtschaftskulturen richtet mehr Schaden an, als daß er der Erkenntnis und Problemlösung nützlich wäre. Es gibt keine »europäische« Mathematik, keine »amerikanische« Zivilisationstheorie, keine »asiatische« Ökonomie. Jede wissenschaftliche Theorie, die diesen Namen verdient, ist universal, so wie es die Gesetze der Logik und der Mathematik sind. Die Wirtschafts- und Währungskrise Asiens ist also keine Kulturkrise, sondern eine Schuldenkrise.

Und Schuldenkrisen sind lösbar, wenn die internationale Wirtschaftspolitik verantwortlich reagiert, wie es etwa bereits im Falle der mexikanischen Schuldenkrisen der Fall war. Sie sind nur dann extrem gefährlich, wenn wirtschaftspolitische Untätigkeit sie in Depression abgleiten läßt, wie es in der Weltwirtschaftskrise vor jetzt sieben Jahrzehnten geschah.

Die Krise in Asien hängt zwar auch mit der – zumindest teilweisen – Abkoppelung mancher Märkte von den Weltmärkten zusammen; das sollte man nicht vergessen. In erster Linie ist sie aber eine Vertrauenskrise an den internationalen Kapitalmärkten. Auf überschwengliche Begeisterung der amerikanischen und europäischen Fonds für die Wirtschaftsdynamik der sogenannten asiatischen Tiger folgte plötzlich die fluchtartige Abkehr. Und wiederum sage ich: Beide Verhaltensmuster waren übertrieben. Der Präsident der amerikanischen Zentralbank, Alan Greenspan, hat Überschwenglichkeit in den Märkten zu Recht als irrational bezeichnet. Das gleiche kann man aber auch vom Gegenteil sagen. Auch Depression ist irrational, und ich möchte diese Feststellung als Mahnung an die Verantwortlichen verstanden wissen, nicht nur in Asien, sondern auch in Amerika und ebenso in Europa.

Jetzt geht es darum, das Pendel der Emotionen in die Mitte zurückschwingen zu lassen und dort zu stabilisieren. Dazu können die asiatischen Länder selbst entscheidend beitragen: durch verbesserte Bankenaufsicht, durch verbesserte Kapitalmarktregulierungen und insbesondere durch die Stärkung demokratischer Strukturen. Denn es ist kein Zufall, daß gerade Korea als demokratisch strukturiertes Staatswesen die Krise offenbar besser bewältigt als mancher andere Staat.

Das hier in Korea hervorzuheben ist mir besonders wichtig. Das Beispiel der koreanischen Demokratie widerlegt nämlich zugleich das bis vor kurzem noch verbreitete Klischee, daß in Asien die Uhren anders tickten und daß der Konfuzianismus unweigerlich zu einem fundamental anderen gesellschaftlichen und politischen System führt als anderswo. Unterschiedliche kulturelle und historische Entwicklungen hinterlassen selbstverständlich ihre Spuren. Aber niemand kann heute mehr behaupten, Asien sei für die Demokratie nicht geeignet oder, umgekehrt, die Demokratie sei für Asien nicht geeignet oder gar, die Demokratie sei überhaupt ungeeignet.

Präsident Kim Dae-Jung hat selbst in einem weltweit beachteten Artikel die Verwurzelung des demokratischen Denkens auch in der asiatischen Philosophie dargestellt. Mit Recht hat er daran erinnert, daß in China, dem Mutterland des Konfuzianismus, zur gleichen Zeit wie im antiken Griechenland der Philosoph Menzius die Abhängigkeit des Souveräns vom Volkswillen postulierte. Auf ähnliche kulturelle Wurzeln der Demokratie hat er im Buddhismus und in der koreanischen Philosophie des 19. Jahrhunderts hingewiesen.

Der Durchbruch des demokratischen Gedankens, den wir seit Mitte der siebziger Jahre in Südeuropa,

seit Mitte der achtziger Jahre in Asien und Lateinamerika und schließlich seit 1989 in Osteuropa
erlebt haben, ist die wichtigste internationale
Entwicklung seit langem. Sie verläuft zwar nicht
automatisch, aber doch parallel zur globalen Verbreitung der zweiten Dimension der offenen Gesellschaft: der Marktwirtschaft. Ich glaube, daß wir
noch lange nicht am Ende des Siegeszuges von
Demokratie und Marktwirtschaft angelangt sind.

Was erklärt diesen Siegeszug der offenen Gesellschaft? Politologen können darüber Bände füllen.
Ich will nur fünf Gründe nennen. Der erste ist das
natürliche Streben aller Menschen nach Mitbestim-
mung im politischen Geschehen und nach Zugang
zum Wohlstand. Das erste bietet am unmittelbar-
sten die Demokratie, das zweite bietet am unmittel-
barsten die Marktwirtschaft.

Aber die offene Gesellschaft entspricht nicht nur
einer in allen Kulturen bestehenden natürlichen
Sehnsucht der Menschen nach Freiheit und Selbstverwirklichung. Es gibt, zweitens, auch einen ganz
funktionalen Vorteil dieser Gesellschaftsform, nämlich das Prinzip des Wettbewerbs der Ideen. Dieses
Prinzip macht sowohl die Demokratie als auch die
Marktwirtschaft zu einem institutionalisierten Ent-
deckungsprozeß. In der Demokratie geht es um die
Suche nach der besten Lösung politischer Probleme,
in der Marktwirtschaft geht es um die Entdeckung
der besten Produkte zu niedrigsten Preisen.

Das Prinzip des Wettbewerbs schließt soziale
Solidarität und freiwillige Zusammenarbeit keineswegs aus. Ich weiß, daß das enge Zusammenwirken

zwischen Staat, Unternehmen und Banken in asiatischen Ländern von westlichen Beobachtern oft als Korporatismus kritisiert wird. Aber ich bin auch hier für ein differenziertes Urteil. Auch in Deutschland, in Europa und sogar in Amerika gibt es Formen der Zusammenarbeit zwischen wichtigen öffentlichen und privaten Partnern der Volkswirtschaft. Diese Zusammenarbeit hat Früchte getragen – in Deutschland etwa durch ihren Beitrag zu einem konfliktarmen Interessenausgleich der Sozialpartner und in den USA zur Absicherung langfristiger Entwicklungsstrategien in der Mikroelektronik. Aber: Enges Zusammenwirken von Staat und Wirtschaft birgt auch die Gefahr, daß es zu Fehlentwicklungen kommt und diese zunächst einmal verschleiert werden. Und sie funktioniert auch nicht, wenn sie nicht durch eine soziale Komponente und eine starke Interessenvertretung der Arbeitnehmer ergänzt wird.

Lassen Sie mich als vierten Vorzug der offenen Gesellschaft das Prinzip des freien Flusses der Informationen nennen. Es stellt sicher, daß alle Frühwarnsysteme und Problemlösungsmuster, die sich dezentral in Politik und Wirtschaft anbieten, in der Realität auch wahrgenommen und genutzt werden können.

Ich persönlich halte, fünftens, das Prinzip der freien Wissenschaft für einen besonders wichtigen Aktivposten der offenen Gesellschaft. Vom wissenschaftlichen Erkenntnisprozeß hängt nicht nur das Tempo der Innovationen in der Wirtschaft und damit der Wohlstand und die soziale Sicherheit eines Landes ab. Auch den großen Risiken unserer Zeit, von der Klimaveränderung bis zur Ernährung der Weltbevölkerung, werden wir nur durch Mobilisierung der besten Forschungsergebnisse aus allen Teilen der Welt begegnen können.

Vor diesen fünf Vorzügen der offenen Gesellschaft hat in der Zeitenwende von 1989 der frühere Ostblock friedlich kapituliert, und gerade in Umbruchsituationen wie der jetzigen kann niemand ein Interesse daran haben, sie aufzugeben, weder in Asien noch in Europa, noch in Rußland.

Daß die Krise von den Kennern bei uns als Anpassungsvorgang verstanden wird und nicht etwa zu einer Abkehr von Asien oder zu einem Verlust des Vertrauens in die koreanische Demokratie führt, zeigt Ihnen übrigens die Größe der deutschen Unternehmerdelegation, die heute hier anwesend ist.

Ich wende mich also mit Optimismus meiner zweiten Blickrichtung zu: den deutsch-koreanischen Beziehungen. Hier im Raum sind deutsche Unternehmen vertreten, die sich gerade in der Krise für große Investitionen in Korea entschieden haben. Diese unternehmerische Entscheidung sagt mehr über das unverändert hohe Ansehen Ihres Landes aus, als Worte es vermögen. Und sie zeigt auch, daß Korea in Deutschland Freunde hat, die Freunde in der Not sind und deswegen wirkliche Freunde.

Das läßt sich aus dem unvermindert breiten Fächer der Gemeinsamkeiten zwischen Korea und Deutschland ziemlich leicht erklären:

– Da ist die frühe gegenseitige Faszination der Kulturen.

- Da sind überraschende Affinitäten der Verhaltensmuster, etwa die typisch koreanischen Tugenden des Fleißes und der Verläßlichkeit, die uns Deutsche geradezu an preußische Muster erinnern.
- Da ist die gemeinsame Situation rohstoffarmer Länder, die uns zwang, zu Exportnationen zu werden.
- Da ist der besonders tiefe und lebendige Austausch in den Geisteswissenschaften und den Naturwissenschaften.
- Da sind die 30 000 Koreaner, die in Deutschland als allseits beliebte und anerkannte Mitbürger leben und arbeiten.
- Und da ist schließlich das gemeinsame Schicksal der Teilung.

Als Präsident des wiedervereinigten Deutschland möchte ich heute allen Koreanern sagen: Auch die Wiedervereinigung wird eines Tages eine deutsch-koreanische Gemeinsamkeit sein.

Unnatürliche Trennungslinien durch die Mitte eines Volkes können auf Dauer nicht Bestand haben, das hat die deutsche Erfahrung gezeigt. Das Wann und das Wie der Wiedervereinigung mag nicht absehbar sein. Über das Ob kann es aber kaum einen Zweifel geben.

Aber lassen Sie mich auch das folgende sagen: Deutschland wurde mit seiner historischen Chance ohne Vorbereitungszeit konfrontiert. Korea hat wahrscheinlich das Glück, mehr Vorbereitungszeit zu haben. Schon seit nunmehr acht Jahren kann es aus der deutschen Erfahrung lernen und seine Schlüsse ziehen.

Ich möchte hier nur einige unserer Erfahrungen nennen, die eines Tages für Korea von Interesse sein könnten:

– Erstens: Das Tempo der Veränderung darf die Menschen nicht überfordern. Wer jahrzehntelang von einem totalitären System bevormundet wurde, der braucht Zeit, sich auf das Neue einzustellen. Die Menschen in Ostdeutschland haben eine bewundernswürdige Umstellungsleistung vollbracht. Aber für viele wirkten die umfassenden Veränderungen zunächst fast wie ein Schock. Um so wichtiger war und ist es, die neue Ordnung und die Werte, die dieser neuen Ordnung zugrunde liegen, immer wieder zu erklären.

– Der Umbau einer im internationalen Maßstab kaum wettbewerbsfähigen Kommandowirtschaft in eine moderne Marktwirtschaft führt unweigerlich dazu, daß unrentable Arbeitsplätze wegfallen und daß viele berufliche Qualifikationen nicht länger benötigt werden. Der Neuaufbau und die erneute Qualifizierung verlangen also auch insoweit Zeit, Geduld – und viel solidarische Hilfe über die frühere Grenze hinweg.

– Ein dritter Punkt: Der Neuanfang darf nicht zur pauschalen Entwertung oder Herabwürdigung von Biographien führen. Keine Diktatur ist *nur* Diktatur – sie ist stets auch Lebensraum für Millionen redlicher Menschen, die aus ihrer schwierigen Lage das Beste machen müssen. Das muß beiden Seiten bewußt sein. Und deshalb ist es

74

auch wichtig, daß die Menschen in den früher getrennten Landesteilen gegenseitig ihre Biographien kennenlernen. Selbst dann werden die Narben einer jahrzehntelangen Teilung noch lange sichtbar und noch lange zu fühlen sein.

Aber wie groß die Lasten der Transformation auch erscheinen mögen, meine Damen und Herren, welche Zweifel, Erfahrungen und Ratschläge sich auch aufdrängen mögen: In dem Moment, in dem sich die Möglichkeit der Wiedervereinigung bietet, gilt nur eines: Nicht zögern, sondern die Chance nutzen!

Deutschland und Korea sind durch das, was sie in der Vergangenheit geleistet haben, in mancher Hinsicht sogar zu Vorbildern für andere Nationen in ihren jeweiligen Regionen geworden. Jetzt – an der Schwelle zu einem neuen Jahrhundert – geht es um neue Herausforderungen, um Visionen für das 21. Jahrhundert im Zeichen der Globalisierung.

Asien und Europa sollten diese Aufgaben gemeinsam in Angriff nehmen. Je größer die Unruhe, um nicht zu sagen die Unordnung der Welt erscheint, desto wichtiger wird es für alle Verantwortlichen, klare Maximen zu befolgen, die Orientierung für das nächste Jahrhundert geben und das Schlimmste verhindern können. Für sechs solche Maximen möchte ich hier noch in aller Kürze werben:

Lassen Sie uns, erstens, dem Nationalismus, dem Wettrüsten und der hergebrachten Machtpolitik abschwören. Eine Neuauflage dieser historischen Fehler Europas in Asien wäre nicht nur für die Region, sondern für die gesamte Welt katastrophal.

Meine zweite Maxime ist, die gerade überwundene ideologische Konfrontation des kalten Krieges
nun nicht etwa durch Szenarien kultureller und religiöser Konfrontationen zu ersetzen, als ob die
Menschheit nicht auch eine Zeitlang ohne das
Gesetz des Dschungels leben könnte. Natürlich erleben wir heute täglich fundamentalistische Gewalt
mit kulturellen und religiösen Rechtfertigungsversuchen, in Europa, Amerika, Asien und anderen
Weltteilen gleichermaßen. Aber bei genauer Betrachtung ist all das letztlich ein Kampf gegen die
jeweilige eigene Zivilisation.

Übrigens erscheinen die klassischen Quellen der
großen Kulturen und Religionen im vergleichenden
Rückblick in der Regel »aufgeklärter« als die späteren Dogmen und Mythen. Sie begannen meist ja
selbst als Bewegungen der Erneuerung. Unser heu-
tiges Bild vom Christentum, Islam, Buddhismus
oder Konfuzianismus sollte daher nicht durch ideologische Verwerfungen bestimmt werden, die das
Werk späterer Legalisten sind. Genau umgekehrt
kann der Pluralismus der Kulturen eine Kraftquelle
sein. Ich sehe kein besseres Beispiel dafür als das
harmonische Miteinander von Konfuzianismus,
Buddhismus und christlicher Religion im heutigen
Korea.

Mit meiner dritten Maxime möchte ich dafür
werben, in der globalisierten Weltwirtschaft auf die
Politik des »beggar thy neighbour« zu verzichten,
auf Abwertungswettläufe, Sozialdumping und Protektionismus. Wir würden mit der Verbreitung solcher Politikmuster in eine Abwärtsspirale der Welt-

wirtschaft geraten, die nur in Depressionen im Stil der Weltwirtschaftskrise vor 70 Jahren führen kann. Und Depression ist, wie schon gesagt, zutiefst irrational.

Bisher habe ich drei Maximen des Unterlassens genannt. Nun möchte ich aber drei hinzufügen, die ein Muster für positives Handeln in der Zusammenarbeit zwischen Europa und Asien im 21. Jahrhundert anbieten:

Wir sollten, viertens, aktiv die Strategie der Kommunikation als Mittel der Vertrauensbildung verfolgen. In Europa haben wir mit der KSZE – einem Prozeß der Kommunikation über ideologische und geographische Grenzen hinweg – den historischen Durchbruch zur Überwindung der Teilung Europas und Deutschlands erreicht. Dieses Muster läßt sich an vielen Stellen der Welt wiederholen.

Als fünfte Maxime schlage ich globales, kulturübergreifendes Lernen und Forschen bei der Lösung sachlicher Probleme vor. Wir brauchen eine globale Lern- und Forschungsgemeinschaft, um der globalen Natur der großen Herausforderungen unserer Zeit gerecht werden zu können. Denken Sie an die Stabilisierung der Weltwirtschaft, die Wiederherstellung des ökologischen Gleichgewichts oder an die Bekämpfung des internationalen Verbrechens. Denken Sie an die uns alle angehenden Aufgaben der Friedenserhaltung, Konfliktvermeidung und Streitbeilegung. Dabei ist Führungsqualität gefragt, insbesondere wenn es darum geht, die scheinbar fernliegenden globalen Herausforderungen nach innen zu vermitteln, der Bevölkerung des jeweils eigenen Landes zu erläutern. Korea hat allein schon durch sein Beispiel der Demokratie und des energischen Bemühens um Überwindung der Wirtschaftskrise solche Führungsqualität gezeigt.

Mit einer sechsten und letzten Maxime möchte ich schließlich zu einer verbesserten Nutzung bereits vorhandener Instrumente internationaler und interregionaler Kooperation auffordern. Im asiatisch-pazifischen Raum ist APEC bereits ein hervorragender Anfang zu einer vertieften Kooperation. Ermutigend und vertiefungswürdig ist auch die europäisch-asiatische Kooperation im Rahmen der Gipfeltreffen der ASEM. Das, meine Damen und Herren, ist der Weg der Zukunft. Dabei ist Zusammenarbeit nicht nur auf der Ebene der zwischenstaatlichen Organisationen denkbar und ausreichend. Wichtig ist, daß diese Ebene auf einem möglichst breiten Netz gesellschaftlicher Kooperation aufbauen kann. Nur durch die Kontakte der Zivilgesellschaften kann die Weltbürgergesellschaft entstehen, die allein dem nächsten Jahrhundert gerecht wird.

Mit diesen sechs Maximen sind, wie mir scheint, die wichtigsten Lehren zusammengefaßt, die wir aus asiatischen und europäischen Erfahrungen für das nächste Jahrhundert ziehen können. Die Welt des Übergangs, in der wir uns befinden, läuft auf globale Systeme zu – und das nicht nur in der Wirtschaft; auch die Kulturen und die Menschen geraten in eine immer engere Berührung miteinander, trotz ihrer selbstverständlich fortbestehenden kulturellen Identitäten. Gerade in schwierigen Situationen brauchen wir auch den intensiven kulturellen und menschlichen Kontakt und Austausch.

Eines steht für mich heute schon außer Zweifel: Europa und Asien sind ideale Partner für eine solche Zusammenarbeit im 21. Jahrhundert.

(Eröffnungsansprache zum Weltwirtschaftsforum Davos,
28. Januar 1999)

Als ich 1995 vor diesem Forum sprach, war das
Thema noch Globalisierung. Heute sprechen wir
schon von Globalität. Der Prozeß hat sich zum
Zustand entwickelt. Globalität prägt den Übergang
ins nächste Jahrhundert. Ihre Wirkungen zeigen
sich in Politik, Wirtschaft, Kultur und Gesellschaft.

Sie werden sich in den kommenden Tagen mit der
Spannung zwischen Globalität und Verantwortung
beschäftigen. Dabei stehen – das ist bei einem Weltwirtschaftsforum naheliegend – die Folgen wirtschaftlicher Globalität im Vordergrund. Die massiven Veränderungen, die die Welt erlebt, sind
ja tatsächlich zu einem erheblichen Teil wirtschaftliche, wirtschaftlich motivierte oder sich wirtschaftlich auswirkende Prozesse: technische Durchbrüche, die industrielle Revolution hin zur In-
formationsgesellschaft, die globale Integration der
Märkte, der Standortwettbewerb.

Wenn allerdings Kapital und Investitionen nur
noch Faktorpreisen über den Globus hinterherja-
gen, dann stellt sich die Frage, ob da überhaupt noch
etwas für Politik, Gesellschaft und Kultur übrig-
bleibt. Oder verfallen sie zu einer Restgröße globaler Wirtschaftsprozesse? Wird Politik womöglich
zur bloßen Reparaturwerkstatt menschlich oder

sozial schädlicher Wirtschaftsentwicklungen? Sagen wir es offen: Dann hätte Globalität die Politik ihres Wesens beraubt: ihrer Orientierung auf den Menschen hin, der im Mittelpunkt des Gemeinwesens steht und seine Gestalt bestimmt. Globalität zwingt uns nicht nur, nach einer neuen Weltwirtschafts- und -finanzordnung zu suchen, sondern auch nach einer weltweiten sozialen Ordnung. Wie kann der Mensch sich den Mittelpunkt zurückerobern? Läßt sich der Anpassungsdruck, den die Globalität auf die Politik ausübt, konstruktiv wenden und auf das Ziel globaler sozialer Gerechtigkeit ausrichten?

Manche erhoffen sich globale Gerechtigkeit von einem Weltkonsens über Mindeststandards. Aber wie soll dieser Konsens hergestellt werden? Bedarf es einer globalen Instanz, um diese Hoffnungen zu erfüllen? Der Traum von zentralstaatlicher Lenkung hat sich doch gerade als unerfüllbar erwiesen. Dennoch können wir etwas tun. Wir haben eine gute Chance, die Zügel wieder in die Hand zu nehmen, wenn wir auch die Politik globalisieren, und mit Politik meine ich Politik im weitesten Sinne, die die Bereiche der Wirtschaft, Gesellschaft und Kultur mit einschließt. Im Zustand der Globalität haben alle diese Politikbereiche unweigerlich auch außenpolitische Dimensionen. Diese Dimensionen müssen wir allerdings aktivieren. Dann können wir die Globalität beherrschen, statt von ihr beherrscht zu werden.

Umgekehrt muß die klassische Außenpolitik, die sich 350 Jahre lang als Politik von Nationalstaaten gegenüber anderen Nationalstaaten verstanden hat, ihr Selbstverständnis ändern. Wenn sie nicht bedeutungslos werden will, muß sie sich dem neuen Zustand der Welt anpassen. Sie hat konzeptionellen Nachholbedarf. Um der Welt des 21. Jahrhunderts gerecht zu werden, muß sie den Prozeß der Globalisierung nachholen, ihren Inhalt und ihre Instrumente radikal erweitern und diversifizieren.

Manche hatten sich ausgerechnet, daß es nach der Auflösung des bipolaren Systems eine neue Zukunft der Nationalstaaten geben werde, mit 189 Staaten als unabhängigen Akteuren des internationalen Systems an Stelle der beiden Supermächte. Das war ein Irrtum. Zwar ist richtig, daß der Prozeß der Globalisierung mit Prozessen der Fragmentierung einherging. Aber nicht nur die beiden ideologischen Blöcke fragmentierten sich. Auch andere Großkollektive begannen zu bröckeln, auch der Nationalstaat selbst. Neben den nationalen Regierungen hatten schon lange zahllose transnationale Akteure in Wirtschaft und Gesellschaft, Wissenschaft und Kultur, Technik und Ökologie damit begonnen, ihre Anliegen und Botschaften global zu vertreten. CNN, das Rote Kreuz, Yehudi Menuhin, Politologen der Harvard University, das Internet und Greenpeace, von den Weltkonzernen ganz abgesehen, werden heute dezentral und ungesteuert außenpolitisch wirksam. Es gibt sie bereits, das Weltbürgertum und die globalen Zivilgesellschaften, auch wenn wir noch keine Weltverfassung haben.

Gleichzeitig brachte das Ende des bipolaren Systems alten und neuen Akteuren oberhalb der Ebene des Nationalstaates neue Wirkungsmöglich-

keiten. Im Sicherheitsrat der VN scheitern multilaterale Initiativen zwar noch oft, aber sie scheitern
nicht mehr automatisch am eigennützigen Veto der
einen oder anderen Großmacht. Die Intervention in
Bosnien fand mit einem Mandat des Sicherheitsrats
statt. Die Interventionen im Kosovo und im Irak
fanden zwar ohne Mandat, aber in sachlicher
Anlehnung an Resolutionen der Vereinten Nationen
zur Verhinderung von Völkermord und zur Nicht-
verbreitung von Massenvernichtungswaffen statt.
Wer der NATO und den USA in diesen Fällen das
Fehlen eines Mandats vorwirft, muß sich zumindest
fragen lassen, ob er Völkermord oder die Verbreitung von Massenvernichtungswaffen geschehen lassen will, wann immer es einem ständigen Mitglied
des Weltsicherheitsrats gefällt, aus Gründen nationalen Interesses sein Veto einzulegen.

Auch ein neues internationales Strafrecht ist im
Entstehen; Kriegsverbrecher und Völkermörder
können nicht mehr mit Straflosigkeit rechnen. Die
WTO wurde gegründet. NATO und EU erweitern
sich nach Osten. Mit dem Euro ist die erste über-
staatliche Währungsunion seit dem Ende des Gold-
standards entstanden. In Asien und Amerika fragt
man sich, wie sich die Wechselkursrelationen des
Euro zu Dollar und Yen gestalten werden. All das –
wer kann es bezweifeln? – liegt weit außerhalb des
Horizonts der klassischen Außenpolitik von Nationalstaaten.

Damit erhebt sich nun allerdings die Frage, welcher Art die Ergebnisse sind, die das ungesteuerte
Aufeinandertreffen außenpolitischer Interessen sub-

nationaler, nationaler und supranationaler Gemeinschaften haben kann. Ist das Thema »Globalität und Verantwortung« etwa ein Widerspruch in sich? Müssen wir mit dem Chaos rechnen? Oder können wir darauf vertrauen, daß alle Beteiligten ihr wohlverstandenes Eigeninteresse in der Kommunikation und in der Kooperation sehen?

Eine Weltregierung mag noch Zukunftsvision sein. Ich behaupte jedoch, daß wir auch ohne sie bereits eine Weltinnenpolitik haben, nämlich die Summe des Wirkens der unzähligen Träger außenpolitischer Botschaften, die ich gerade beschrieben habe. Auch in Nationalstaaten, zumindest demokratisch verfaßten, ist Politik ja keineswegs nur Sache der Regierungen, sondern Tausender von Anliegen und Interessen. Die Frage ist lediglich, ob wir mit den Ergebnissen dieser Weltinnenpolitik zufrieden sein können oder nicht.

Zufrieden werden wir nur sein können, wenn wir von der nationalen Interessenpolitik der vergangenen Jahrhunderte in eine Ära globaler Verantwortungspolitik gelangen. Im Augenblick sehe ich nur sehr wenige, die bereit sind, globale Verantwortung zu übernehmen. Den USA wird gelegentlich vorgeworfen, sie maßten sich eine Weltpolizistenrolle an. Aber ich frage Sie: Was täten wir in Fällen der Lähmung des Sicherheitsrats, wenn es die USA nicht gäbe? Wir müßten sie erfinden – oder uns selbst zum Handeln aufraffen. Ich sehe auf der Weltbühne kaum jemanden außer den USA, der bereit und in der Lage ist, globale Verantwortung zu übernehmen. Denken Sie an die Notwendigkeit, in Menschenrechtsfragen oder bei der Suche nach friedlichen Konfliktlösungen – zum Beispiel im Nahen Osten – die Führung zu übernehmen. Was täten wir ohne die USA? Die internationale Politik ist auf ihre Entscheidungsfähigkeit und Entscheidungsbereitschaft ebenso angewiesen wie die Weltwirtschaft auf ihre Dynamik. Es wäre wünschenswert, daß mehr Nationalstaaten solche Verantwortungsbereitschaft zeigen!

Die Weltinnenpolitik könnte hervorragende Ergebnisse haben, wenn möglichst viele Beteiligte bei ihrem außenpolitischen Wirken eine Reihe von Maximen befolgen würden. Mangels Weltregierung können Maximen außenpolitischen Handelns nicht verordnet werden. Aber sie entsprächen, um einen Begriff des Philosophen Hans Jonas zu benutzen, einem »Imperativ der Verantwortung«. Es läge im langfristigen Eigeninteresse aller Beteiligten, wenn jeder einzelne Akteur sie freiwillig befolgen und so in berechenbarer Weise an dem teilnehmen würde, was ich globale Verantwortungsgemeinschaft nennen möchte. Aus Maximen dezentralen Handelns lassen sich konzertierte Strategien einer vorbeugenden globalen Außenpolitik ableiten. Eine präventive Außenpolitik würde Krisen durch das Bewußtmachen gemeinsamer Interessen zuvorkommen und sie nicht erst dann zu heilen versuchen, wenn sie bereits ausgebrochen sind. Sie würde zu verstärkter internationaler Koordinierung und zur Verdichtung des Geflechts der globalen Kooperation führen.

Acht solcher Maximen möchte ich hier nennen,

und ich hoffe auf die Unterstützung dieses Forums bei ihrer Verbreitung unter allen, die es angeht.

Erstens sollte jeder außenpolitische Akteur es als seine Verantwortung betrachten, die globale Verbreitung von Demokratie als Friedensstrategie zu unterstützen – denn der Kantsche Satz, daß Demokratien untereinander keinen Krieg führen, mag zwar nicht hundertprozentig richtig sein, er wurde seit 1945 in Europa aber eindrucksvoll bestätigt und hat seit den 70er Jahren auch in Afrika, Asien und Lateinamerika zentrale Bedeutung gewonnen. Ohne Demokratie kann es keinen dauerhaften Frieden geben, weder nach außen noch im Inneren.

Zweitens möchte ich dafür werben, den Schutz der fundamentalen Menschenrechte als weltweiten Mindeststandard durchzusetzen, denn er ist der erste Schritt zur Demokratie. Wir haben 1998 immerhin schon den 50. Jahrestag der Allgemeinen Erklärung der Menschenrechte begangen.

Drittens müssen wir dem Nationalismus, dem Wettrüsten und der hergebrachten Machtpolitik abschwören. Sie alle entspringen Denkweisen aus dem 19. Jahrhundert, die wir in Europa schon weitgehend überwunden haben. Eine Neuauflage dieser historischen Fehler Europas wäre für die gesamte Welt katastrophal.

Meine vierte Maxime ist es, die gerade überwundene ideologische Konfrontation des Kalten Krieges nicht etwa durch Szenarien globaler Kulturkriege zu ersetzen, als ob die Menschheit nicht auch ohne das Gesetz des Dschungels leben könnte. Natürlich erleben wir täglich fundamentalistische Gewalt mit kulturellen und religiösen Rechtfertigungsversuchen, in Europa, Amerika, Asien und anderen Weltteilen gleichermaßen. Aber bei genauer Betrachtung ist all das letzten Endes ein Kampf gegen die jeweils eigene Zivilisation. Es gilt zu verhindern, daß sie zu weltbeherrschenden Konflikten werden.

Mit meiner fünften Maxime möchte ich dafür werben, in der globalisierten Weltwirtschaft auf die Politik des »beggar thy neighbour« zu verzichten. Abwertungswettläufe, Sozialdumping und Protektionismus haben sich als untaugliche Versuche erwiesen, seine eigenen Probleme zu Lasten der Handelspartner zu lösen. Wir würden mit der Verbreitung solcher Politikmuster in eine Abwärtsspirale der Weltwirtschaft geraten, ja u. U. zu Depressionen, die nur mit der Weltwirtschaftskrise vor siebzig Jahren vergleichbar wären. Und ein Verstoß gegen diese Maxime wäre zutiefst irrational.

Wir sollten, sechstens, aktiv eine Strategie der Kommunikation als Mittel der Vertrauensbildung verfolgen. In Europa haben wir mit der KSZE – einem Prozeß der Kommunikation über ideologische und geographische Grenzen hinweg – den historischen Durchbruch zur Überwindung der Teilung Europas und Deutschlands erfolgreich flankiert und abgefedert. Dieses Muster läßt sich, wie ich meine, an vielen Stellen der Welt wiederholen.

Als siebte Maxime schlage ich globales, kulturübergreifendes Lernen und Forschen bei der Lösung sachlicher Probleme vor. Wir brauchen eine globale Lern- und Forschungsgemeinschaft, um der globalen Natur der großen Herausforderungen unserer

Zeit gerecht werden zu können. Denken Sie an die Stabilisierung der Weltwirtschaft, die Wiederherstellung des ökologischen Gleichgewichts oder an die Bekämpfung des internationalen Verbrechens. Denken Sie an die uns alle angehenden Aufgaben der Friedenserhaltung, Konfliktvermeidung und Streitbeilegung. Lassen Sie mich nur zwei eindrucksvolle und durchaus kulturübergreifende Beispiele der Möglichkeit wirtschaftspolitischen Lernens nennen. In den achtziger Jahren haben die USA sehr aktiv Lehren aus japanischen Mustern vorwettbewerblicher Forschungskooperation in der Mikroelektronik gezogen. Und in den neunziger Jahren haben Japan und Europa allen Anlaß, aus amerikanischen Mustern der Haushaltssanierung, des geldpolitischen Pragmatismus und des wissengestützten Wachstums zu lernen.

Mit meiner achten und letzten Maxime möchte ich schließlich zur verbesserten Nutzung bereits vorhandener Instrumente internationaler und interregionaler Kooperation auffordern. Dabei denke ich besonders an die regionale Integration oberhalb des Nationalstaats. Ich denke hier natürlich an die Europäische Union, die mit dem Euro gerade einen entscheidenden Schritt der Integration getan hat, der gleichzeitig das globale Währungssystem einschneidend verändern wird. Aber NAFTA, SADC, ASEAN, Mercosur und andere Zusammenschlüsse zeigen, daß die Idee der regionalen Integration überall gezündet hat.

Es ist an uns, diese Maximen in konkrete Strategien vorbeugender Außenpolitik umzusetzen. »Gute

Ordnung« als Ziel und Maßstab internationalen politischen Handelns sollte uns dabei leiten. Es ist auch an uns, gemeinsam zu klären, was wir unter »guter Ordnung« verstehen und woran wir sie messen. Entwickeln wir ein neues, klares Verständnis für die Anforderungen vorbeugenden Handelns, für die Mittel und Ressourcen, die dazu notwendig sind, und werben wir für innenpolitische Unterstützung.

Das wird in unseren Gesellschaften einfacher sein, wenn deren Betroffensein von globalen Risiken erst einmal das öffentliche Bewußtsein erreicht hat. Es gibt Gebiete, auf denen dieses gemeinsame Betroffensein schon jetzt bewußt ist. Dabei denke ich an den Umgang mit der Umwelt, bei dem ein Verhalten in einem Teil der Welt massive Konsequenzen in anderen Teilen der Welt hat. Ich denke auch an die Kriminalität, die Grenzen überschreitet und mit nationaler Politik nicht mehr wirksam eingedämmt werden kann. Vor allem denke ich aber an das Weltwirtschaftssystem, in dem wir im letzten Jahr heftige Ausschläge der Kapitalmärkte erlebt haben, die überall gleichermaßen als bedrohlich empfunden wurden.

Es gibt auch Entwicklungen, die uns zwar ebenfalls alle betreffen, deren Konsequenzen wir uns aber noch nicht klargemacht haben. Wie sollen wir beispielsweise die Probleme lösen, die aus den demographischen Entwicklungen entstehen – ein rasantes Bevölkerungswachstum in den Entwicklungsländern einerseits, die wachsende Zahl von Ruheständlern in den reifen Industrienationen andererseits? Wie sollen wir mit der Auflösung des sozialen

Zusammenhalts, mit der Allgewalt des Konkurrenz-bewußtseins zu Lasten der Solidarität umgehen?

Erste Voraussetzung für vorbeugendes Handeln ist, daß wir unsere Gesellschaften so weit wie möglich freiheitlich gestalten. Offene, freiheitliche Gesellschaften verfügen über ganz besondere Kraftquellen. Sie erschließen den Zugang zu allen dezentralen Ideenquellen von Politik, Wirtschaft, Wissenschaft und Kultur. Manche mögen es noch als paradox empfinden, aber ich glaube, die Geschichte Europas ist der augenfälligste Beweis, daß freiheitliche Gesellschaften trotz allen demokratischen Streits, trotz aller kreativen Unruhe langfristig stabiler und friedlicher sind als unfreie, regulierte, administrierte Gesellschaften. Also müssen wir den Politiken eine Absage erteilen, die aus Feigheit, Opportunismus oder aus Furcht vor Machtverlust Reformen verweigern. Die Bürger erkennen sehr genau, daß sie es sind, die am Ende die Zeche für solche Versäumnisse zahlen. Deshalb Schluß mit politischer Engherzigkeit!

Um über die Vorteile vorbeugender Strategien im Vergleich zur nachhinkenden Schadensbegrenzung nachzudenken, brauchen wir nur an die Krisen der letzten Jahre anzuknüpfen, zum Beispiel an die Devisen- und Kapitalmarktkrisen in Asien, Rußland und Lateinamerika. Notwendig sind hier »Leitplanken« um die Märkte, die Panikreaktionen verhindern und Vertrauen in die Verläßlichkeit von Märkten schaffen. Ein Schlüssel zu mehr Stabilität und Berechenbarkeit wäre die internationale Koordinierung der Wirtschaftspolitiken der führenden Industriestaaten. Solche Koordinierung sollte nicht als unaussprechliches »C word« verdammt, sondern als Muster für verantwortlichen Umgang mit Globalität genutzt werden. Wenn, wie gerade jetzt, die Gefahr einer weltweiten Deflation nicht auszuschließen ist, dann liegt es in der Verantwortung der jetzigen Regierungen und Zentralbanken, die noch Spielraum zum Handeln haben, das Ihre zur Belebung der Weltwirtschaft zu tun. Das ist auch dann der Fall, wenn die eigene Volkswirtschaft vorläufig noch nicht von deflationärer Ansteckung erfaßt zu sein scheint. Vorbeugend zu handeln ist auch hier effizienter als nachträgliches Krisenmanagement.

Auch die europäischen und japanischen Gedanken zur Stabilisierung der Wechselkurse zwischen Euro, Dollar und Yen sollten nicht von vornherein als dogmatische Häresie abgetan werden. Ich darf daran erinnern, daß es ein koordiniertes Management der Wechselkurse schon bei der einvernehmlichen Abwertung des Dollar nach dem Plaza Agreement 1985 und erneut zur Stützung des Dollar im Sommer 1995 gegeben hat. Warum soll so etwas nicht auch in Zukunft möglich sein?

Die jüngsten Finanzmarktkrisen in Südostasien oder in Rußland hängen zweifellos auch damit zusammen, daß die Bankenaufsicht in diesen Ländern nicht ausreichend war. Könnte nicht ein gemeinsames System von Solvabilitäts- und Bonitätsregeln für Banken, das z. B. der IWF, die Weltbank und die EBRD gemeinsam entwickeln könnten, diese Regeln international durchsetzen und durch wirksame Kontrollen sichern?

Langfristiges strategisches Ziel sollte die weltweite Beachtung von Regeln einer sozialen Marktwirtschaft sein, die die Wohlstandsgewinne der Märkte mit dem Schutz vor gravierenden sozialen Verwerfungen verbindet. Deutschland ist mit der Entwicklung der sozialen Marktwirtschaft nach dem Krieg die Stärkung der sozialen Integrationskraft des kapitalistischen Systems gelungen. Das wird ihm von manchen Vertretern des »laisser faire« als Häresie angelastet, entwertet aber nicht die Idee der sozialen Marktwirtschaft. Wir Deutschen wollen natürlich niemanden belehren. Das ist aber auch gar nicht nötig. Denn auch Adam Smith war ein Moralphilosoph, für den die unsichtbare Hand des Marktes nicht Selbstzweck, sondern ein Mittel zur Beseitigung »barbarischer Verhältnisse« war. Auch er plädierte, was häufig übersehen wird, für öffentliche Infrastrukturen auf den Gebieten der Erziehung, des Gesundheitswesens und des Schutzes der Arbeitnehmer vor sozialen Härten.

Wenn wir schon über Weltinnenpolitik nachdenken, dann muß sie auch gegründet sein auf einer Weltsozialordnung. Leistungsfähigkeit, Effizienz und sozialer Ausgleich müssen weltweit miteinander integriert werden, wenn es global nicht nur soziale, sondern auch politische und wirtschaftliche Stabilität geben soll.

Was schließlich das Verhältnis der Entscheidungsebenen betrifft, von subnationalen über nationale, supranationale bis zu multinationalen, so fehlt es keineswegs an einem transkulturell überzeugenden Ordnungsprinzip. Entscheidungen sollten auf der Ebene getroffen werden, auf der die besten Informationen zusammenfließen und auf der am besten für ihre Durchführung gesorgt werden kann. Die Schweiz praktiziert dieses Prinzip seit 700 Jahren, die USA seit 200 Jahren, Deutschland seit 1949 und die Europäische Union seit 1957. Dieser Erfahrungsschatz steht allen Interessierten offen.

Besonders am Herzen liegt mir die Intensivierung des Dialogs zwischen den Kulturen, um dem oft beschworenen Szenario eines »Clash of Civilizations« vorzubeugen. Wie in der Zeit der ideologischen Konfrontation zwischen Ost und West der Rüstungskontrolle kommt heute dem Dialog zwischen den Kulturen eine vertrauensbildende und damit friedenssichernde Rolle zu. Die Globalisierung, aber auch die immer neuen technischen Durchbrüche und die Verstärkerrolle der Medien haben zur Folge, daß die verschiedenen Kulturen schneller und intensiver aufeinander einwirken als jemals zuvor in der Geschichte der Welt. Darin liegen Chancen: Die Freiheit des Informationsaustausches macht es den Kulturen möglich, sich gegenseitig zu bereichern. Das hält sie lebendig und bewahrt sie vor musealer Erstarrung. Mehr Transparenz würde im übrigen auch mehr Wahrheit ermöglichen.

Ich will aber nicht verschweigen, daß das Ziel nicht eine globale Massenkultur sein kann. Diese provoziert auch Widersprüche, allerdings weniger zwischen den großen Weltkulturen, als innerhalb der Kulturen zwischen den Kräften der Moderne und den Kräften der Tradition. Unsere »entgrenzte« Welt führt nicht immer zu nützlicher Integration, sondern sie kann auch zu schmerzlichen Verlusten an Identität und Geborgenheit führen. Wir Menschen brauchen aber die gelassene Verwurzelung in Geschichte und Kultur. Aus Ressentiments und trotziger Selbstbehauptung können dagegen Intoleranz und Abweisung entstehen.

Deshalb ist der interkulturelle Dialog so wichtig. Die Politik muß ihn führen und fördern. Versagt sie, so besteht die Gefahr, daß konfliktbereite Teile der Gesellschaften Tradition, Kultur und Religion manipulieren, um sie im Interesse der Machtpolitik oder im wirtschaftlichen Wettbewerb zu instrumentalisieren. Das gilt es zu verhindern. Wir müssen hier über das Materielle hinausdenken. Aung San Suu Kyi, die Vorkämpferin für Demokratie und Menschenrechte in Myanmar, führt zweifellos abschreckende Erscheinungen der westlichen Gesellschaften nicht auf die Demokratie, sondern auf den modernen Materialismus zurück, der kulturelle und menschliche Werte beiseite schiebt und in dem das Geld die Oberherrschaft hat. Sie hat vollkommen recht. Wir dürfen die Seele der Völker nicht vergessen.

Sehr ermutigt fühle ich mich auch durch den iranischen Staatspräsidenten Mohammad Chatami. Er hat die islamischen Gesellschaften aufgefordert, sich nicht in der Trutzburg der Tradition zu verschanzen, sondern sich der Moderne zu öffnen, ohne sich einem hemmungslosen Materialismus hinzugeben. Sein Aufruf zum Dialog der Religionen und seine Initiative für ein »internationales Jahr des Kulturdialogs« verdienen jede Unterstützung. Sie scheinen mir für eine Politik zu stehen, die darauf abzielt, Vertrauen durch mehr Wissen übereinander und mehr Respekt voreinander zu schaffen.

Sie sehen also, ich setze mich für nichts Geringeres als eine grundlegende Veränderung unseres Denkens ein. Globalität des Denkens muß an die Stelle von geistigen Besitzständen, der Mensch in den Mittelpunkt allen politischen Handelns treten. Nur dann haben wir die Chance, Globalität nicht als Bedrohung, sondern als Herausforderung mit guten Möglichkeiten für eine neue Qualität der Zusammenarbeit zu nutzen und das 21. Jahrhundert positiv zu gestalten. Die Augen vor der Globalität zu verschließen wäre falsch.

Generalsekretär Kofi Annan denkt für das nächste Millennium an den Dialog einer weltweiten Zivilgesellschaft. Die Vereinten Nationen sehen also die Weltgemeinschaft als weltweite Verantwortungsgemeinschaft. Gehen wir noch einen Schritt weiter und sehen die Weltgemeinschaft als Chancengemeinschaft! Lassen wir die Anarchie der nationalstaatlichen Interessenpolitik hinter uns. Nutzen wir das Zusammenspiel globalisierter Außenpolitiken als Weltinnenpolitik. So kann aus dem internationalen System der Nationalstaaten ein globales politisches System werden. Setzen wir schon heute auf die Bürger dieser Weltgemeinschaft. So kann dem Jahrhundert der Kriege ein Jahrhundert des Friedens folgen.

Das ist – jeder weiß es – im Augenblick nur eine Chance. Aber es ist eine Chance, die wir nie mehr aus den Augen lassen sollten.

Teil 2
Kommentare

Die einen behaupten, wir dürfen das Verhalten
anderer Menschen nicht beurteilen oder bewerten;
die anderen halten dagegen, wir müssen für universale Menschenrechte oder andere weltweit gültige
Werte eintreten. Diese Debatte macht derzeit bedeu-
tende Fortschritte. In vielen Punkten hat sie einen
breiten, wenn nicht universellen, dann immerhin
kulturübergreifenden Konsens erreicht. Wenn wir
die Berührungspunkte beider Positionen näher
betrachten, erkennen wir darin möglicherweise
Ansatzpunkte, auch in solchen Fragen eine Annäherung zu finden, bei denen die gegensätzlichen Standpunkte noch weit auseinander liegen.

Immer mehr Denker sehen im Kulturrelativismus
eine Position, die zwar historisch eine wichtige Rolle gespielt hat, die sich unter heutigen Bedingungen
jedoch nur noch schwer aufrechterhalten läßt.
Tatsächlich gab es in der Vergangenheit gute Gründe zur Besorgnis über die im Westen weit verbreitete
Neigung, andere Gesellschaften als »primitiv«,
»barbarisch« oder minderwertig zu betrachten.
Denn in solchen Urteilen sah man eine Rechtfertigung für den Versuch, anderen Kulturen und
Menschen die eigenen Werte aufzudrücken. Die
Anthropologie hat viel dafür getan, diese westliche

Sichtweise in Frage zu stellen und den Menschen der westlichen Gesellschaften dabei zu helfen, fremde Kulturen verstehen und respektieren zu lernen. Die Notwendigkeit dieser didaktischen Anstrengung steht inzwischen längst außer Frage. Gleichzeitig aber ist in den letzten Jahrzehnten die Gefahr deutlich geworden, die in der erstarkenden Tendenz des entgegengesetzten Verhaltens liegt. Ich meine damit die große Weigerung westlicher Intellektueller, Verhaltensweisen in anderen Kulturen überhaupt zu beurteilen. Dabei geht es um Verhaltensweisen wie genitale Verstümmelung, Kinderarbeit, Verhaftungen ohne Verfahren oder die Bestrafung von Dieben durch Amputation von Gliedmaßen. Die Weigerung, moralische Ansprüche geltend zu machen, ist tief im klassischen Liberalismus verankert und kann alle erdenklichen Formen annehmen; in der Diskussion über internationale Beziehungen spielt sie im Gewand des Kulturrelativismus die gewichtigste Rolle: als die Behauptung nämlich, daß sich jede Gemeinschaft ihre eigenen Werte wählen solle und daß man die Legitimität solcher Wahlen in anderen Gesellschaften nicht zu beurteilen habe.

Betrachtet man das früher im Westen verbreitete Gefühl genereller Überlegenheit (das etwas anderes ist als die Vorstellung, in manchen Bereichen, doch nicht in jeder Hinsicht, die bessere Welt zu sein) als »These« und den Aufstieg des Kulturrelativismus als deren »Antithese«, dann, so könnte man glauben, treten wir derzeit in eine Periode der Synthese ein. Es herrscht, selbst in nichtwestlichen Ländern, breite Übereinstimmung darüber, daß manche

Urteile über Kulturgrenzen hinweg durchaus angemessen sind. Zum Beispiel erklärt Bilahari Kausikan aus Singapur (dessen Intellektuelle in dieser Debatte sehr engagiert waren)[2] kategorisch: »Menschenrechte wurden zu einer legitimen Frage in den Beziehungen zwischen Staaten. Wie ein Land seine Bürger behandelt, ist längst keine Angelegenheit mehr, über die es exklusiv bestimmen kann.«[3] Und nicht nur das: »Fremde können ganz legitim Besorgnis äußern und tun dies auch.«[4] Auch Onuma Yasuaki, Japans führender Experte in Menschenrechtsfragen, sieht ein zunehmendes Einverständnis darüber, daß »Staaten die Universalität von Menschenrechten nicht länger praktisch verneinen können. Auch können sie nicht darauf beharren, daß Menschenrechte ausschließlich innere Angelegenheiten sind. (...) Der offenbar unversöhnliche Konflikt zwischen Universalisten und Relativisten ist eher theoretisch denn real. Es gibt gegenwärtig einen breiten Konsens, daß die meisten der so genannten Menschenrechte universell geschützt werden müssen.«[5] Tatsächlich ist, wie Roman Herzog betont hat, diese Suche nach Konsens nichts, was wir ohne weiteres aufgeben sollten.

Die Übereinstimmung über die Notwendigkeit, die Umwelt zu schützen, ist ein gutes Beispiel dafür, wie sich ein internationaler Konsens entwickelt hat.[6] Dagegen spricht nicht, daß es zwischen den Staaten noch große Unterschiede darin gibt, wie nachdrücklich und bereitwillig man eine entsprechende Politik auch tatsächlich einleitet.

Ich unterstelle nicht, daß die Kontroverse zwi-

schen Relativisten und Universalisten einschläft
oder daß bereits alle der universellen Vorstellung
zustimmen, die menschliche Würde (viele nichtwestliche Denker vermeiden den Begriff »Rechte«)
müsse respektiert werden; ich will nur sagen, daß in
dieser Frage heute weitgehend Einigkeit herrscht;
wer sich ausschließt, wird rasch zum Außenseiter.[7]

Zweitens wird zunehmend anerkannt, daß der
Fluß *moralischer Ansprüche nicht nur in eine Richtung fließt*. Findet der Westen, wenn es um die Frage der politischen Freiheit geht, in anderen Ländern
immer mehr Nachfolger, so trifft umgekehrt auch
die asiatische Welt nicht auf taube Ohren, wenn
dort behauptet wird, der Westen habe zugelassen,
daß in seinem Bereich soziale Harmonie und moralische Tugenden verfallen. Genauso wird die Behauptung vieler Nichtwestler, auch sozioökonomische Rechte seien bedeutsam, aus verschiedenen
Gründen von nicht wenigen westlichen Intellektuellen unterstützt. (Entsprechende Regelungen sind
sogar im deutschen Grundgesetz enthalten.)

Drittens gibt es eine Schule des Denkens, die
davon ausgeht, daß moralische Ansprüche, die eine
Gesellschaft einer anderen auferlegt, in vielen Fällen *mit den Traditionen ebendieser anderen Gesellschaft gerechtfertigt* werden können. Das gilt auch
dann, wenn sich die Kritiker auf andere (nämlich
die eigenen) Begriffswelten und Überlieferungen
stützen. So weist zum Beispiel Daniel A. Bell darauf
hin, daß der Islam *hudud*, die Amputation der
Hand eines Diebes, in den meisten Fällen nicht
erlaubt. Also können sich Mitglieder nichtislami-

scher Kulturen gegen solche Praktiken wenden, indem sie sich eher auf innerislamische Begründungen beziehen als auf westliche Vorstellungen eines universellen Menschenrechts.[8] Aus diesem Grund sind Studien über den Islam wie die von Annemarie Schimmel, der Preisträgerin der Vereinigung des Deutschen Buchhandels, so bedeutsam. In vergleichbarer Weise können Nichtchinesen vorbringen, daß auch den Chinesen die Freiheit der Information und der Presse zugestanden werden muß, weil dies der Gemeinschaft dient. Sie müssen ihre Forderung gar nicht mit dem Hinweis begründen, daß Pressefreiheit als ein genuines Menschenrecht zu betrachten sei.[9] Die Menschen im Westen wiederum finden viele Gründe in ihren eigenen Kulturen, die ihnen ein Bewußtsein für sozioökonomische Rechte nahelegen. Wird auf diese innerkulturelle Weise argumentiert, dann gibt es auf der anderen Seite der kulturellen Kluft keinen Grund, eine solche Bewertung moralischer Ansprüche zurückzuweisen, solange sie ausreichend und gut begründet sind. (Zum Beispiel kann die Billigung von Menschenrechten, weil sie für Gemeinschaftszwecke »nützlich« sind, eine verständliche Grundlage sein, ausreichend ist sie nicht.)

Viertens nähern sich die Standpunkte auch in der Erkenntnis an, daß unterschiedliche Gesellschaften nicht genau das gleiche Regierungssystem annehmen müssen, um als demokratisch zu gelten. So wie es Unterschiede zwischen verschiedenen westlichen Gesellschaften gibt (zum Beispiel zwischen den Vereinigten Staaten und dem Vereinigten Königreich:

In dessen Verfassung gibt es kein First Amendment über die Freiheit der Rede und der Religion, dafür aber ein Gesetz über Staatsgeheimnisse und ein Verbot der Haßrede), können verschiedene nichtwestliche Gesellschaften auf durchaus unterschiedlichen Wegen einen demokratischen Status erreichen; das gilt zum Beispiel von Indien und den Philippinen.

Schließlich wächst die Einigkeit darüber, daß es *einen Zusammenhang zwischen sozioökonomischer und politischer Entwicklung* gibt. Zumindest wird von vielen Seiten anerkannt, daß Länder mit einem sehr niedrigen Bruttosozialprodukt pro Kopf, schlechtem allgemeinem Gesundheitszustand und niedrigem Bildungsniveau größere Schwierigkeiten haben, ein demokratisches System zu etablieren, als weiterentwickelte Länder.[10] Wie könnte sich die Debatte von solchen Punkten der Annäherung ausgehend weiterentwickeln?

Nächste Schritte
Das Ende der ökonomischen Unterdrückung

Bestimmte Thesen müssen wir aufgeben. Zum Beispiel: Unterentwickelte Länder sollten die Einführung der Menschenrechte und demokratischer Systeme verschieben, bis sie ökonomisch entwickelt sind; oder: Der Schutz der Menschen vor Hunger und Seuchen habe Vorrang vor politischer Entwicklung. Solche Behauptungen halten weder gründlichen empirischen Untersuchungen noch der moralischen Kritik Stand. Auch wenn sozio-ökonomische

Schwierigkeiten die politische Entwicklung behindern können, nehmen politische Rechte, vom Standpunkt der Ethik aus gesehen, keinen geringeren Rang ein als ökonomische Errungenschaften. Länder wie China und Singapur setzen nicht nur sogenannte »weiche« demokratische Rechte aus, so etwa das Recht der freien Meinungsäußerung und der freien Versammlung; auch der Schutz vor Verurteilung ohne Gerichtsverfahren, vor Beschränkungen der Pressefreiheit und vor Beschlagnahme von Eigentum[11] sowie andere elementare Menschenrechte sind nicht garantiert. Angesichts dessen wird die Frage gestellt, ob es, auch um den Preis, Folter und Todesstrafe fürchten zu müssen, nicht besser sei, daß die Menschen immerhin nicht mehr unter dem Mangel an Lebensmitteln oder sogar unter Seuchen leiden müßten.

Die damit aufgebaute Alternative ist in sich falsch. Sie ist in den starken Worten formuliert, zu denen gerade die gerne greifen, die sich der politischen Entwicklung entgegenstellen. Tatsache ist, daß Singapur bereits einen sehr hohen Lebensstandard erreicht hat – das Einkommen pro Kopf lag 1990 bei 12 000 $, ein Niveau, das die Vereinigten Staaten gerade zehn Jahre zuvor erreicht hatten[12] –, und man glaubt noch immer, der Stadtstaat sei nicht ausreichend entwickelt, um politischen Freiheiten Raum zu geben. In einzelnen Gebieten Chinas sind Nahrungsmittel noch immer knapp, in anderen Regionen werden heute Millionen von Chinesen dazu ermuntert, frei wählbare Konsumgüter wie Kaffee, Designerjeans oder Make-up und Parfüm von Markenherstellern zu kaufen. Diese Güter besitzen wohl kaum einen höheren moralischen Rang als elementare Freiheiten.

Die Behauptung, daß eine ökonomische Entwicklung unmöglich sei, wenn nicht die politische Entwicklung aufgeschoben wird, ist falsch. Das zeigt sowohl die geschichtliche Entwicklung in Indien wie auch die westlicher Länder, wo die politische und die ökonomische Entwicklung gleichzeitig stattfanden. Tatsächlich wird wohl eher das Gegenteil zutreffen – daß nämlich die ökonomische Entwicklung den politischen Freiheiten folgt. Dazu Aryeh Neier: »Offene Gesellschaften überall auf der Welt prosperieren ökonomisch in viel größerem Maß als geschlossene Gesellschaften oder Gesellschaften, die bis vor kurzem geschlossen waren.«[13]

Wir sollten die Vorstellung, daß politische Entwicklung verschoben werden »muß« oder »sollte« (aus moralischen Gründen), bis eine ökonomische Entwicklung voranschreitet oder erreicht ist, endgültig begraben.

Die »Notwendigkeit«,
die soziale Ordnung aufrechtzuerhalten

Politische Führer und Intellektuelle aus Asien haben mit Herablassung auf den Verfall der sozialen Ordnung im Westen geschaut und den Standpunkt vertreten, Restriktionen der politischen Freiheiten seien notwendig, um die soziale Harmonie aufrechtzuerhalten. So erklärte Goh Chok Tong, der

Premierminister von Singapur, in einer öffentlichen Rede:

»Westliche Liberale, ausländische Medien und Menschenrechtsgruppen wollen, daß Singapur wie ihre eigene Gesellschaft ist, und einige Singapurer tanzen gedankenlos nach deren Pfeife. (...) Wir müssen für uns selbst denken und entscheiden, was gut ist für Singapur, was Singapur stabil und erfolgreich macht. Vor allem müssen wir uns hüten vor einer Politik, die den Vereinigten Staaten und Großbritannien eine Epidemie sozialer und ökonomischer Probleme gebracht hat.«[14]

Ähnliche Töne wie der Premierminister schlägt Kevin Y. L. Tan an: »Wie kann der Westen – und insbesondere Amerika – Demokratie und Menschenrechte als Grundwerte predigen, wenn der Westen sein eigenes Haus nicht in Ordnung halten kann?«[15]

Zunächst ist festzuhalten, daß diese These sich mit der vorigen, der ökonomischen, nicht vereinbaren läßt. Die ökonomische Perspektive propagiert einen Aufschub politischer Freiheiten, die soziale These unterstellt, daß politische Freiheiten von ihrem Wesen her mit einer ordentlichen und tugendhaften Gesellschaft unvereinbar seien.

Beide Thesen sind unhaltbar. Erstens ist der Verfall der sozialen Ordnung im Westen eine junge Entwicklung. Die amerikanische Gesellschaft der fünfziger Jahre bleibt ein Modell sozialer Ordnung. Auch wenn die Vereinigten Staaten damals weniger demokratisch waren als heute (besonders was den Umgang mit Minderheiten und Frauen betrifft), so garantierten sie weitreichende Menschenrechte und politische Freiheiten. Andere Gesellschaften in

Westeuropa befanden sich in den sechziger Jahren und danach auf einem hohen Niveau sozialer Ordnung.

Zweitens verhalten sich asiatische Gesellschaften widersprüchlich, wenn sie einerseits sehr auf den Staat setzen, um die soziale Ordnung aufrechtzuerhalten, und sich andererseits selbst als »kommunitaristisch« bezeichnen.[16] Anders liegt der Fall in Japan. Das Land ist viel demokratischer als asiatische Nachbarländer und besitzt doch eine starke soziale Ordnung, die mehr auf der Familie und der Gemeinschaft, auf nationalen Bindungen und Loyalitäten beruht als auf staatlichem Zwang. Damit kommt es dem Modell einer sozialen Ordnung viel näher, deren Mitglieder wirklich an der sozialen Harmonie und moralischen Werten beteiligt sind und sich für diese engagieren. Zwang ist nur notwendig, wenn die Menschen nicht freiwillig tun, was von ihnen erwartet wird. Das in Japan verglichen mit Singapur viel niedrigere Niveau staatlicher Kontrolle (ohne daß dadurch die soziale Ordnung gefährdet wäre) zeigt, wo der entscheidende Unterschied liegt.

Drittens ist festzuhalten, daß selbst Japan zuviel Gewicht auf soziale Konformität und auf Loyalitäten gelegt hat. Eine wirklich kommunitaristische Gesellschaft verbindet das Streben nach sozialer Ordnung, die größtenteils auf der freiwilligen Verpflichtung ihrer Mitglieder beruht, mit den Möglichkeiten, die die Gesellschaft den Individuen und Untergruppen schafft, sich frei zu äußern, und mit der Sicherung solcher politischer Freiheiten. Abgesehen davon, daß gesellschaftlichen Formen dieser Art ihre Legitimität in sich selbst haben, helfen sie, Kreativität und Innovationen zu fördern und tief verankerte menschliche Bedürfnisse zu befriedigen.

Und doch geben die Asiaten mit ihrem Argument einen wichtigen Hinweis, der, wenn man ihn genauer bedenkt, ein Versagen des Westens aufzeigt. Nimmt man das kommunitaristische Ideal der Balance zwischen sozialer Ordnung und der Autonomie von Individuen und Untergruppen zum Maßstab, sind die westlichen Gesellschaften und besonders die amerikanische in die entgegengesetzte Richtung abgeschwenkt. Wir haben – unter Vernachlässigung der Grundlagen einer sozialen und moralischen Ordnung – Selbstsucht, Maßlosigkeit, Freizügigkeit und den Anspruch auf übermäßiges Wachstum zugelassen. Darum kann viel dafür sprechen, daß beide Formen von Gesellschaft in einem sozietären Modell konvergieren, das ein höheres Niveau sozialer Ordnung, als es der Westen in jüngster Zeit erlebte, mit einem höheren Maß an Autonomie von Individuen und Untergruppen verbindet, als es sogar Japan gegenwärtig gewährt.

Beachten wir dabei, daß es keinen Sinn macht, von einer Konvergenz »des« Ostens und »des« Westens zu sprechen, wie man es in einer ersten groben Annäherung tun könnte. Weder der Osten noch der Westen sind in sich einheitlich, und schon gar nicht hinsichtlich der hier behandelten Fragen. Das Ausmaß der Kontrolle, das Niveau der sozialen Ordnung und der politischen Entwicklung sind in Indien und Singapur, in Japan und China, auf den

Philippinen und in Birma kaum dieselben. Und der Zustand der amerikanischen Gesellschaft unterscheidet sich sehr von dem der skandinavischen. Außerdem würden wenige gerne die Mängel sozialer Ordnung einiger westlicher Gesellschaften mit dem ungenügenden Schutz der Rechte von Frauen oder von Minoritäten und dem weitreichenden Anpassungsdruck einiger östlicher Gesellschaften verbinden. Dem Dialog zwischen den Kulturen ist am besten gedient, wenn die Diskussion sich auf solche Tugenden und gesellschaftlichen Formationen konzentriert, die legitim und es wert sind, gepriesen und gefördert zu werden.

Menschenrechte sind kein Instrument westlichen Drucks

Menschenrechte seien westliche Ideen, sie würden zur Legitimation westlicher Einmischung in das Leben anderer Gesellschaften benutzt – das ist der Refrain, den die Kritiker der Menschenrechte und demokratischen Systeme am häufigsten wiederholen. Adamantia Pollis und Peter Schwab sehen in den Menschenrechten »ein westliches Konstrukt mit begrenzter Anwendbarkeit«; die Menschenrechte ließen sich »als ein Konzept des 20. Jahrhunderts und verwurzelt in den Vereinten Nationen bis zu den besonderen Erfahrungen Englands, Frankreichs und der Vereinigten Staaten zurückverfolgen«.[17] Marnia Lazreg behauptet weiter, daß »das gegenwärtige, von den USA geförderte Drängen auf

Menschenrechte sich notwendigerweise selbst als eine moralistische Ideologie entpuppt, die außermoralische Bedürfnisse befriedigt«.[18] Diese Argumente müssen genauer ausgebreitet und getrennt behandelt werden. Sie vermischen Aspekte, die den notwendigen Dialog zwischen den Kulturen behindern, mit solchen, die zur erwähnten Annäherung zwischen dem Osten und dem Westen beitragen.

Die These, die Menschenrechte seien westlichen Ursprungs und paßten daher nicht zu anderen Kulturen, ist besonders unglücklich. Tugenden sollten entweder als gültig betrachtet oder zurückgewiesen werden; man darf die Quelle eines Ideals nicht mit dessen Legitimität verwechseln. Menschen aus dem Westen weisen die »asiatischen« Vorstellungen von der Schönheit und dem Frieden, die Harmonie mit sich bringt, nicht zurück und sollten dies auch nicht tun; umgekehrt sollten Menschenrechte, sofern sie zu rechtfertigen sind, nicht von anderen Kulturen zurückgewiesen werden, selbst wenn diese Rechte zuerst im Westen formuliert wurden. Dazu läßt sich ein kleines Gedankenexperiment veranstalten. Nehmen wir für einen Moment an, die jüngsten Behauptungen einiger schwarzamerikanischer Historiker, die westlichen Vorstellungen von politischen Freiheiten und Demokratie stammten eigentlich aus Afrika, genauer aus Ägypten, erwiesen sich als historisch wahr. Würde das die Legitimität demokratischer Ideale erhöhen? Und wenn ja, für wen? Nur für Afrikaner? Nur für Nordafrikaner? Ganz eindeutig hat die historische Ableitung irgendeiner Tugend sehr wenig zu tun mit deren Legitimität.

Die zweite und stärkere Version der These behauptet, daß manche der westlichen Länder den anderswo herrschenden Mangel an Menschenrechten zum Vorwand genommen hätten, sich in die Verhältnisse anderer Länder einzumischen. Diese Einmischungen reichen vom Beginn der Kolonisation bis zur Landung der US-Marines in Haiti und zu dem Wirtschaftsembargo, das die USA Kuba auferlegt haben. Die ziemlich umfangreiche Literatur zu diesem Thema fragt danach, unter welchen Bedingungen solche Einmischungen gerechtfertigt (etwa gegen einen neuen Hitler?) und wann sie illegitim seien (etwa, um die Interessen amerikanischer Firmen zu wahren?).[19] Wir müssen diese Fragen hier nicht diskutieren, weil sie sich weder mit der Legitimität eines Anspruches auf Menschenrechte beschäftigen noch mit der Tugend der sozialen Ordnung. Hier wird vielmehr nach den Bedingungen gefragt, unter denen sich stärkere Mächte in die Angelegenheiten schwächerer einmischen und welche Mittel sie dabei anwenden dürfen. Um es auf den Punkt zu bringen: Man kann sich radikal gegen ökonomische Sanktionen aller Art wenden, natürlich auch gegen Blockaden und Invasionen, die gegen Länder verhängt werden, in denen Menschenrechte verletzt werden oder soziale Unordnung herrscht, und dennoch für Freiheit und soziale Regeln als Kerntugenden eintreten.

Kurz, wir müssen die Frage nach der Legitimität bestimmter moralischer Ansprüche über Kulturen hinweg trennen von der nach Wegen und Mitteln, durch die solche Ansprüche gefördert werden können. Wenn es eine Gesellschaft aber als illegitim betrachtet, ihre moralischen Ansprüche durch Anwendung von Gewalt oder ökonomischer Zwangsmittel zu bekräftigen, welche Mittel bleiben ihr dann? Die Antwort: Es bleibt die Macht des moralischen Anspruchs.

Die gesellschaftsübergreifende moralische Stimme

Weil die Vorstellung der moralischen Stimme und des moralischen Dialoges für meine Argumentation zentral, aber nicht gut genug bekannt ist, muß ich an dieser Stelle etwas weiter ausholen. Die *moralische Stimme* ist eine spezielle Form der Motivation, die Menschen ermutigt, an Werten festzuhalten, die sie bereits gutheißen. Der Begriff »moralische Stimme« ist deshalb besonders treffend, weil die Menschen sie »hören«. Wenn eine Person, die einen Wert anerkennt, dennoch versucht ist, ihn zu ignorieren, hört sie oder er eine Stimme, die sie oder ihn nötigt, das zu tun, was richtig ist. Die Stimme zu hören muß nicht heißen, daß man ihr stets oder sogar regelmäßig folgt, doch wird sie das Verhalten von Menschen häufig beeinflussen. Zum Beispiel kann eine Person, die die Stimme zunächst ignoriert hat, dies hinterher bereuen und sich ausgleichend verhalten. Wie Individuen können auch Gemeinschaften ihre eigene moralische Stimme hören.[20]

Moralische Dialoge entstehen, wenn eine Gruppe von Menschen sich an einem Prozeß beteiligt, mit dem sie die Werte bestimmt, die ihr Leben leiten sollen. Soll die Unantastbarkeit des ungeborenen Lebens oder das Selbstbestimmungsrecht der Frau unsere Haltung zur Abtreibung bestimmen? Soll unsere Beschäftigungspolitik geleitet sein von der Tugend einer farbenblinden (nicht diskriminierenden) Gesellschaft oder von der einer umgekehrten Diskriminierung (um vergangene und aktuelle Ungerechtigkeiten zu korrigieren)? In diesem Dialog werden auch Glaubenssätze berücksichtigt, die, um es vorsichtig zu sagen, nicht alle Mitglieder der Gesellschaft teilen. Solche Glaubenssätze müssen daher klar benannt werden. Moralische Dialoge setzen voraus, daß Gesellschaften gemeinsame Formulierungen des Guten brauchen. Auch gemeinsame, vereinbarte Regelungen für den Umgang mit Differenzen, die zwischen Individuen und Untergruppen in bezug auf die Bildung des Guten bestehen, reichen nicht aus, damit eine Gesellschaft funktionieren kann. Damit ein Dialog wirklich zum moralischen Dialog wird, muß in den Prozessen, die zu gemeinsamen Formulierungen führen, tatsächlich über Werte gesprochen werden und nicht nur über empirische Fakten oder logisch gewonnene Vorstellungen.[21] Moralische Dialoge sind nicht nur eine Sache vernünftiger Menschen, die sich einigen, sondern von Menschen mit verschiedenen Überzeugungen, die eine gemeinsame normative Grundlage finden.[22]

Es ist relativ einfach zu zeigen, daß solche Dialoge in gut entwickelten Gesellschaften, wie es die meisten Demokratien sind, kontinuierlich stattfinden. Und daß sie häufig (wenn auch manchmal nur nach ausgedehnten Gesprächen) zu neuen und anerkannten Leitlinien für die betreffenden Gesellschaften führen. Nun stellt sich die Frage, ob moralische Dialoge auch international stattfinden können. Und wenn sie das können: Welche Wirkung haben sie?

Moralische Dialoge, die über nationale Grenzen hinweg entstehen, sind in ihrem Umfang, ihrer Intensität, ihrer Schlußfolgerung und ihrer Wirkung viel begrenzter als solche innerhalb eines Landes. Wo sie stattfinden, weisen solche Dialoge auf Prozesse hin, die, wenn sie weiter fortgesetzt werden, eine stärkere weltumspannende moralische Basis schaffen können als die, auf die uns die Minimalisten verweisen möchten. Zum Beispiel gibt es einen weltweiten Dialog über das Ausmaß, bis zu dem »wir« (das heißt, alle Nationen und in diesem Sinn die Menschen der ganzen Welt) die Umwelt schützen sollten. Natürlich wird der Dialog durch zahlreiche nicht-normative Überlegungen beeinflußt, die häufig in normative Ansprüche gekleidet sind. Dennoch beeinflussen die Dialoge das, was die Menschen für moralisch angemessen halten. Die meisten Länder versuchen, sich so zu verhalten, daß sie nicht als der Umwelt gegenüber unverantwortlich erscheinen. Und sie tun das, weil sie von anderen Nationen nicht als solche betrachtet werden wollen, die illegitim handeln. Begrenzung des Walfangs, des Handels mit afrikanischem Elfenbein oder gefährlichem Müll, Begrenzung der Ausbreitung von saurem Regen und der Schädigungen der Ozonschicht – das sind Beispiele für den weltweit wachsenden Konsens über spezifische Umweltfragen. Und darin zeigt sich auch, daß die Gemeinsamkeit der Verpflichtung zum Umweltschutz wächst.[23]

Moralische Stimmen richten sich *an* die Super- mächte, nicht nur erheben diese ihre Stimmen gegen schwächere Staaten. Tatsächlich wurde behauptet, der Wirkungsbereich weniger mächtiger Nationen sei auf die moralischen Ansprüche beschränkt.[24] Eine Probe aufs Exempel war die weltweite Verur- teilung der Vereinigten Staaten im Anschluß an die Weltklimakonferenz von Rio de Janeiro. Dort hat- ten die Vereinigten Staaten eine Verwässerung des Klimakontrollvertrages erzwungen und sich gewei- gert, den Vertrag über die Artenvielfalt zu unter- zeichnen. Mit diesem Verhalten zogen die Vereinig- ten Staaten heftige Kritik aus aller Welt auf sich.

Moralische Dialoge zwischen den Kulturen: ein kommunitaristischer Aufruf

Um moralische Dialoge zwischen Nationen zu för- dern, sollten Kommunitaristen einen Schritt in eine Richtung gehen, die der der Relativisten entgegen- gesetzt ist. Wir müssen versuchen, moralische Stim- men über kulturelle Grenzen hinweg hörbar zu machen, besonders wenn solche Stimmen die Men- schen einer Gesellschaft und deren Verhalten tatsächlich widerspiegeln.

Im Bestreben, einen Kern von global geteilten Werten deutlich zu machen und zu artikulieren, müssen moralische Stimmen über gesellschaftlich trennende Linien hinweg erhoben werden. Die Notwendigkeit und die Legitimität, nicht nur der eigenen, auch anderen Gesellschaften moralische Ansprüche aufzuerlegen, die Bestrebungen anderer Gesellschaften zu unterstützen, wenn diese individuelle Rechte fördern und soziale Verantwortung auf sich nehmen, und denen, die das nicht tun, schlechte Noten zu geben – all das ist legitimes Handeln und sollte als solches anerkannt werden.

Ich spreche bewußt davon, *moralische Ansprüche aufzuerlegen.* Denn das ist etwas völlig anderes als das Verhalten einer Nation, die sich aufgerufen sieht, irgendwo auf der Welt Werte durchzusetzen, indem sie Marinetruppen oder Spezialeinheiten der Fremdenlegion entsendet, Blockaden errichtet oder zu anderen militärischen oder ökonomischen Zwangsmaßnahmen greift, um ihre Werte durchzusetzen. Zwangsmaßnahmen schaffen keine moralische Gemeinschaft und sind allenfalls unter extremen Bedingungen gerechtfertigt (etwa gegen das nächste NS-Regime). Solche Bedingungen werden in der Literatur über gerechte Kriege diskutiert. Während nur mächtige Nationen militärische oder ökonomische Macht ausüben können, um Werte zu propagieren, können auch die kleinsten Nationen ihre moralische Stimme erheben. Das haben Costa Rica, Mexiko, die skandinavischen Länder, die Schweiz und Israel bei verschiedenen Gelegenheiten gezeigt.

Wer alle Menschen dazu aufruft, den gleichen Kanon an Grundwerten zu respektieren, muß deshalb nicht notwendig verlangen, daß alle denselben

Weg der wirtschaftlichen Entwicklung gehen, dieselbe Musik mögen oder denselben Tischmanieren folgen. Zur Debatte stehen Grundwerte wie der Respekt vor der Menschenwürde. Ein Respekt, der sich darin zeigt, daß man weder Kriege noch Genozide toleriert; daß man die Verantwortung für alle Menschen der betreffenden Gemeinschaften übernimmt und nicht kleine Eliten unterstützt.[25] Wobei es eher darum geht, wenige ausgesuchte Werte hochzuhalten als ein volles Programm durchzuziehen. Tatsächlich ist es falsch (das lehrt nicht zuletzt die Soziologie solcher Institutionen), wenn die Teilnehmer an Treffen internationaler Körperschaften, bei denen es um normative Fragen geht, dem großen Berg nationenübergreifender moralischer Ansprüche alles, was auf ihrer Wunschliste steht, sofort hinzufügen.

Die kulturübergreifende moralische Stimme kann nicht anders, sie muß sich um die politische Entwicklung in Ländern kümmern, die keine individuelle Autonomie respektieren und die Ordnung eher durch Zwang aufrechterhalten, als diese auf moralische Grundlagen zu stellen. Natürlich kann es genauso, wie es Unterschiede zwischen kommunitaristischen Gesellschaften gibt, unterschiedliche Wege zu einer demokratischen Politik geben. Dennoch und weil demokratische Regierungsform und kommunitaristische Kerntugenden eng miteinander verbunden sind, gehört es zentral und unabdingbar zum moralischen Dialog zwischen den Nationen, demokratische Regierungsformen zu fördern (deren Bedingungen breiter sind als regelmäßige Wahlen).

So hat Roman Herzog angesichts fundamentalisti-
scher autoritärer Staaten erklärt:

»Wer heute »Fundamentalismus« sagt, der verbindet damit meist
– und nicht zu Unrecht – die Vorstellung von Demütigung der
Frauen, von unmenschlichen Strafen für Diebe und Ehebrecherinnen, von Anschlägen gegen mißliebige Schriftsteller und Journalisten. In Wahrheit ist das, was wir landläufig als Fundamentalismus bezeichnen, jedoch nichts anderes als die politische
Instrumentalisierung religiöser Gefühle, der blanke Griff zur
totalitären Macht. Dieser Mißbrauch der Religion droht besonders dort, wo soziale Not und Rechtlosigkeit den Nährboden für
die Manipulation der Massen bieten (...) Das sind Erscheinungen, die wir unter gar keinen Umständen akzeptieren können und
die wir weder aus außenpolitischen Rücksichtnahmen noch aus
einem schwächlichen Werterelativismus tolerieren können.«[26]

Statt, wie die Kulturrelativisten, die moralische
Stimme zwischen den Kulturen zu dämpfen, sollten
alle Gesellschaften das Recht anderer respektieren,
moralische Ansprüche zu stellen; jede Gesellschaft
ist dazu berechtigt, dies anderen gegenüber zu tun.
Die westlichen Länder sollten sich klarmachen, daß
es mit ihrer legitimen, eine Weltgemeinschaft schaf-
fenden Rolle gut vereinbar ist, wenn sie China für
dessen Verletzung der Menschenrechte kritisieren.
Und China wiederum sollte sich als ebenso legitimiert betrachten, die amerikanische Gesellschaft
dafür zu kritisieren, daß sie die Pflichten der Generationen füreinander vernachlässigt. Noch einmal:
Solange moralische Ansprüche als moralische
Ansprüche auferlegt und hörbar gemacht und nicht
als Rechtfertigung für Zwangsmaßnahmen miß-
braucht werden, so lange helfen sie, die Grundlage
für notwendige moralische Dialoge zu schaffen.

Um kulturübergreifende Werturteile zu formulieren, gibt es noch eine weitere Voraussetzung.
Gegenseitige Verantwortung braucht überzeugende
globale Werte in dem Sinn, daß sie für alle gelten
können und nicht nur für irgendeine Gemeinschaft
oder Gesellschaft. Deshalb, so glaube ich, sind die
Rechte des Individuums kein westlicher Wert (selbst
wenn sie historisch im Westen entstanden sind),
sondern ein Wert der weltumspannend gilt: Er stellt
Ansprüche an alle Menschen. Es hat mich weder
abgeschreckt noch bin ich zu neuen Einsichten
gelangt, als die chinesische Regierung oder einige
asiatische Intellektuelle gegen die Anwendung dieses Wertes auf asiatische Kulturen und Systeme pro-
testiert haben. Vielmehr sehe ich die Aufregung
gerade als Zeichen dafür, daß man solche
Ansprüche geltend machen muß. Niemand müßte
aufgeregt reagieren, wenn er die Gültigkeit solcher
hörbar gemachten Ansprüche nicht anerkennen
würde. Das Hörbar-Machen schafft Anerkennung.
Und aus genau diesem Grund finde ich auch den chinesischen Appell an den Westen – zum Beispiel, daß
wir unseren Respekt der älteren Generation gegenüber erhöhen sollten – vollkommen legitim und
zwingend.

Moralische Ansprüche über Kulturen hinweg
sind effektiv, weil sie mit Werten korrespondieren,
die in den jeweiligen Lebenszusammenhängen
geteilt werden, aber vernachlässigt wurden. Nur
darum sind Asiaten erschüttert, wenn sie dafür kritisiert werden, daß sie die Rechte des Individuums
nicht ausreichend respektieren. Hätte man sie statt

dessen dafür getadelt, daß sie Stäbchen anstelle von Gabeln benutzen, würde sie das kaum beunruhigen. Ähnlich treffen uns die Argumente der Asiaten, wenn sie uns kritisch vorhalten, wir würden die soziale Ordnung vernachlässigen. Würden Muslime uns zum Beispiel vorhalten, daß wir das islamische Scheidungsrecht nicht befolgten, würde das kaum für Aufregung sorgen. Niemand würde hier in Schuldgefühle verfallen, die Menschen im Westen würden normative Appelle dieser Art ignorieren oder außerhalb der Arena darüber lachen. Nicht alle moralischen Ansprüche zwischen den Kulturen werden gehört; und doch ist klar, welche auf Gehör zählen können. Wie Roman Herzog feststellt, sollte die Angst vor negativen Reaktionen auf eine solche moralische Kritik die internationale Gemeinschaft nicht davon abhalten, solche Ansprüche zu stellen:

»Es geht nicht mehr um die Wahl zwischen der Achtung vor der Souveränität anderer Staaten und dem gleichgültigen Zusehen bei Menschenrechtsverletzungen.«[27]

Ich sollte an dieser Stelle hinzufügen, daß Roman Herzog die Gemeinsamkeiten zwischen dem asiatischen Osten und dem Westen ebenso wie die zwischen dem Islam und dem Westen anerkennt. Man kann sich fragen, ob ihn seine intellektuelle Generosität dort, wo er die Ähnlichkeiten zwischen Deutschland und Japan diskutiert, nicht ein bißchen zu weit führt. Japan hat bis heute einigen Grund, dort aufzuholen, wo es um seine Anerkennung der Gleichheit von Frauen und Männern, um Minderheitenrechte (zum Beispiel der Koreaner), um den

Umgang mit Benachteiligten oder um den Umgang mit der eigenen Vergangenheit geht.

Es gibt also genügend Anzeichen dafür, daß die international erhobene moralische Stimme nicht auf vollkommen taube Ohren stößt. So liegen Berichte darüber vor, daß in asiatischen Ländern, in denen Menschenrechtsfragen über Jahre ignoriert wurden, diese »nicht länger als ein Werkzeug ausländischen Zwangs abgetan, sondern als ein Mittel gefördert werden, asiatische Besonderheiten zu behaupten«.[28] China scheint unter dem Druck von amnesty international und anderer moralischer Stimmen einige seiner schlimmsten Waisenhäuser und Arbeitslager reformiert zu haben.[29] Selbst in Ländern wie Kambodscha und Myanmar kann man heute Stimmen hören, die sich der autoritären Regierung im Namen der Menschenrechte und der Demokratie widersetzen: Stimmen aus dem eigenen Land und nicht solche westlicher Kritiker. So hat ein Oppositionsführer in Kambodscha kürzlich gesagt: »Kein menschliches Wesen sollte gezwungen sein, zwischen Brot und Freiheit zu wählen.«[30]

Es macht keinen Unterschied: Wer die moralische Stimme anerkennt, der wird Menschen über Kulturen hinweg ebenso kritisieren wie Mitglieder der eigenen Gemeinschaft. Die moralische Stimme ist am zwingendsten, wenn sie fest, aber nicht schrill erhoben wird; sie muß urteilend, aber nicht verurteilend, kritisch, aber nicht selbstgerecht sein.

Es ist ziemlich einfach festzustellen, daß diejenigen, die für globale Werte eintreten, die eigenen Appelle selbst nicht immer beachten; aber diese

Beobachtung setzt die Werte in ihrem Rang nicht zurück. Man sieht vielleicht, daß eine Gesellschaft, die auf der einen Seite für die Vernachlässigung eines universellen Werts gescholten wird, für den Rest der Welt dennoch ein leuchtendes Beispiel bieten kann, wenn es darum geht, einem anderen Wert zu folgen. Aber keine dieser Beobachtungen spricht dagegen, starke überzeugende Werte in den sich entwickelnden weltweiten Dialog einzubringen; im Gegenteil, es spiegelt sich auch in solchen Beobachtungen das Bekenntnis zu solchen Werten. Gleichzeitig aber und so lange, bis der weltweite Dialog der Überzeugungen nicht weiter fortgeschritten und ein weltweit viel wirkungsvollerer Wertekanon entwickelt ist, muß man bedenken, daß weltweit geteilte Werte keinen zufriedenstellenden Rahmen für die in einer Gesellschaft geltenden Werte bieten können. Selbst wenn ein demokratisches globales Parlament nach korrekt und weltweit geführten Dialogen irgendwann eine für alle verbindliche Politik oder ebenso verbindliche moralische Einschätzungen formulieren könnte, würde sich immer noch die Frage stellen, ob nicht auch dieses Parlament nach ein paar anderen moralischen Kriterien beurteilt werden müßte. Die alles krönende Probe muß wohl anderswo gefunden werden.

1 Eine frühere Version dieses Essays wurde veröffentlicht in: *Journal of Social Philosophy* 28, Nr. 3 (Winter 1997).
2 Siehe z. B. die Arbeiten des singapurischen Diplomaten Kishore Mahbubani: »Asia's Cultural Fusion«. In: *Foreign*

Affairs 74, Nr. 1 (Januar/Februar 1995), S. 100–110; und ders.: »The Dangers of Decadence: What the Rest Can Teach the West«. In: *Foreign Affairs* 72, Nr. 4 (September/Oktober 1993), S. 10–14. Siehe auch die Bemerkungen des ehemaligen Premierministers von Singapur, Lee Kuan Yew, referiert von Erik Kuhonta: »On Social and Economic Rights«. In: *Human Rights Dialogue* 2 (September 1995), S. 3. Zu einer detaillierten Übersicht des Austausches zwischen Singapur und Amerika siehe Donald K. Emmerson: »Singapore and the ›Asian Values‹ Debate«. In: *Journal of Democracy* 6, Nr. 4 (Oktober 1995), S. 95–104.

3 Bilahari Kausikan: Asia's Different Standard. In: *Foreign Policy*, Nr. 92 (Herbst 1993), S. 24.

4 Ebd.

5 Yasuaki Onuma: »In Quest of Intercivilizational Human Rights: ›Universal‹ vs. ›Relative‹ Human Rights Viewed from an Asian Perspective«. Center for Asian Pacific Affairs, The Asia Foundation, Occasional Paper Nr. 2 (März 1996), S. 8.

6 Siehe Amitai Etzioni: *The New Golden Rule: Community and Morality in a Democratic Society*. New York 1997, S. 230–231.

7 Aryeh Neier: *The Responsible Community* 7, Nr. 3 (Sommer 1997), S. 25–26.

8 Daniel A. Bell: »The East Asian Challenge to Human Rights: Reflections on an East West Dialogue«. In: *Human Rights Quarterly* 18, John Hopkins University Press 1996, S. 664.

9 Ebd.

10 Seymor Martin Lipset u. a.: »A Comparative Analysis of Social Requisites of Democracy«. In: *Comparative Political Sociology*, Nr. 136 (Mai 1993), S. 155–156.

11 Kausikan legt das ebenso offen dar: a.a.O., S. 38.

12 Vergleiche die Zahlen bei George Thomas Kurian: *Datapoedia of the United States 1790–2000*. Bernan Press 1994, S. 90; und *The Britannica Book of the Year. Encyclopedia Britannica 1993*, S. 796.

13 Aryeh Neier: »Asia's Unacceptable Standard«. In: *Foreign Policy*, Nr. 92 (Herbst 1993), S. 42–43.

14 Goh Chok Tong: »Social Values, Singapore Style«. In: *Current History*, Dezember 1994, S. 422.

15 Kevin Y. L. Tan: »What Asians Think About the West's Re-

sponse to the Human Rights Debate«. In: *Human Rights Dialogue* 4 (März 1996), S. 4. (Tan ist Dozent an der juristischen Fakultät der National University of Singapore.)

16 Nilhari Kausikan: »Asian Versus ›Universal‹ Human Rights«. in: *The Responsive Community* 7, Nr. 3 (Sommer 1997).

17 Adamantia Pollis und Peter Schwab (Hg.): *Human Rights: Cultural and Ideological Perspectives.* New York 1979, S. 1 und S. 4.

18 Marnia Lazreg: »Human Rights, State and Ideology. An Historical Perspective«. In: Pollis/Schwab, S. 41.

19 Siehe z.B. Michael Walzer: *Just and Unjust Wars. A Moral Argument with Historical Illustrations.* New York 1997.

20 Zur weiteren Diskussion siehe Etzioni: »The Moral Voice«. In: ders. 1997, S. 119–126.

21 Siehe dazu: Etzioni 1997, S. 102–104, S. 227–231.

22 Vgl. Amy Gutmann: »The Challenge of Multiculturalism in Political Ethics«. In: *Philosophy and Public Affairs* 22 (Sommer 1993), S. 197 ff.

23 Gareth Proter und Janet Welsh Brown: *Global Environmental Politics.* Westview Press 1996, S. 69–105.

24 Siehe Minivera Etzioni: *The Majority of One. Towards a Theory of Regional Compatibility.* Sage Publications 1970.

25 Siehe Amitai Etzioni: »The Responsive Community. A Communitarian Perspective«. In: *American Sociological Review* 61 (Februar 1996), S. 1–11; sowie ders.: *The Active Society. A Theory of Societal and Political Processes.* New York 1968, Teil 4.

26 Laudatio Roman Herzogs anläßlich der Verleihung des Friedenspreises des Deutschen Buchhandels an Frau Annemarie Schimmel, 15. Oktober 1995.

27 Roman Herzog: »Die Rechte des Menschen.« In: Die Zeit 6.9.1996.

28 Joanne Bauer: »International Human Rights and Asian Commitment«. In: *Human Rights Dialogue*, Dezember 1995, S. 1.

29 amnesty international: »China. Law Reform and Human Rights – Not Far Enough«. 28. Februar 1997. Zu finden unter: http://www.oil.ca/amnesty/news/1997/31701597.htm.

30 Zitiert in: *Who Speaks for the People?* In: *The Economist*, 17. Januar 1996, S. 31.

9   Hans Küng
     Statt Konfrontation Dialog der Kulturen

Schon nach dem Ersten Weltkrieg 1918 hat es sich
abgezeichnet und nach dem Zweiten Weltkrieg
1945 durchgesetzt, was nach dem Zusammenbruch
des Sowjetsystems 1989 offenkundig geworden ist:
Die Menschheit ist aus dem modernen eurozentri-
schen Paradigma, wie es sich zu Beginn der europäischen Neuzeit herausgebildet hatte, in eine neue
polyzentrische Gesamtkonstellation, ein wahrhaft
globales Paradigma eingetreten.

Aber noch immer denken und handeln viele
Staatsmänner nicht nur in Europa im überholten
Paradigma moderner »Realpolitik«, die eindeutig
auf die nationalen oder regionalen Machtinteressen
ausgerichtet ist. Das neue Paradigma braucht mehr
Staatsmänner, die gewiß nicht eine ausschließliche
an moralischen Prinzipien ausgerichtete »Idealpoli-
tik« vertreten, welche an der Realität der Machtin-
teressen scheitern müßte, sondern die vielmehr eine
Politik aus Verantwortung betreiben, welche gleich-
zeitig – und gerade darin liegt die nach-moderne
Staatskunst – Ideale und Realitäten, Prinzipien und
Interessen, Rechte und Verpflichtung ernst zu nehmen versucht. Eine Politik aus Verantwortung im
Rahmen einer Weltgesellschaft, die dringend eines
Dialogs der Kulturen bedarf und die langsam ein –

von den verschiedenen Religionen, Glaubenden und Nichtglaubenden getragenes – Minimum an gemeinsamen sittlichen Werten, Maßstäben und Haltungen, ein »Weltethos« (»Global Ethic«) entwickelt.

Mir ist kein aktiver Staatsmann bekannt, der sich so klar und energisch für dieses Programm einsetzt, wie der siebte Präsident der Bundesrepublik Deutschland Professor Roman Herzog. In bestechender Weise verfügt er für dieses Eintreten über die nun einmal notwendige Glaubwürdigkeit. Sie gründet in intellektueller Schärfe und Informiertheit, moralischer Integrität und Geradlinigkeit, unverkrampfter Menschlichkeit und Kontaktfreudigkeit. Wenn man Bundespräsident Herzog nicht nur von seinen Reden und Artikeln her kennt, sondern ihn auch auf Staatsbesuchen in Malaysia, Israel und Jordanien begleiten und ihn unvoreingenommen (was nicht nur an meinem Schweizer Paß liegt) beobachten konnte, dann kann man bestätigen, wie fruchtbar sich solche Grundeinstellung und Politik auswirkt. Roman Herzog in seiner Begegnung mit außereuropäischen Menschen der verschiedensten Art ist sozusagen ein lebendiges Beispiel dafür, daß ein »Zusammenprall der Kulturen« vermieden und überwunden werden kann. Staatsmänner wie er verdienen die Unterstützung nicht nur der Politiker, sondern auch der Gelehrten, Intellektuellen, Publizisten. Gerne leiste ich dazu einen Beitrag, und da es sich bei Präsident Herzogs Engagement für einen »Dialog der Kulturen« auch – nicht nur – um eine Antithese zur These »Zusammenprall der Kulturen« Samuel Huntingtons handelt, sei es mir gestattet, meine eigene Auseinandersetzung mit dieser These mit einer persönlichen Reminiszenz einzuführen.

1. Worin Huntington recht hat

Schon Anfang der achtziger Jahre war mir aufgegangen, was ich 1984 in die Parole goß »Kein Weltfrieden ohne Religionsfrieden«.[1] 1989 stellte ich dieses Programm im Rahmen eines UNESCO-Kolloquiums in Paris zur Diskussion,[2] und 1990 entfaltete ich es im weiten Rahmen von »Projekt Weltethos« (engl. »Global Responsibility: In Search of a New World Ethic«, 1991). Aus der ersten Grunderkenntnis »Kein Friede unter den Nationen ohne einen Frieden unter den Religionen« war eine zweite hervorgegangen: »Kein Überleben unserer Welt ohne ein Weltethos«.

Daß wir ein globales Ethos brauchen, war das Thema eines Vortrags, welchen ich 1992 im Dag Hammarskjöld Library Auditorium des UN-Hauptquartiers in New York hielt. Am selben Ort entfaltete ich 1994 diese Thematik und setzte mich auseinander mit dem unterdessen erschienenen aufsehenerregenden Aufsatz des Direktors des Instituts für strategische Studien an der Harvard University, Samuel P. Huntington, *The Clash of Civilizations?*[3]

Nachdem ich mich schon so lange als Theologe dafür eingesetzt hatte, daß die Realität der Religionen für Weltpolitik und Weltfrieden ernst genommen wird, nahm ich mit großer Genugtuung zur Kenntnis, daß mit Huntington endlich ein prominenter Politologe auftrat und noch obendrein einer aus der Schule der »Realisten«, der anders als alle Oberflächenpolitiker und -politologen die bewußt-unbewußte Tiefendimension weltpolitischer Konflikte wahrnimmt und so auf die grundlegende *Rolle der Religionen in der Weltpolitik* aufmerksam macht. Ganz anders übrigens als Huntingtons Harvard-Kollege Henry Kissinger, der in seinem monumentalen Werk »Diplomacy« diesen nicht der geringsten Erwähnung würdig befinden sollte. Huntingtons Ausgangspunkt paßte nun einmal schlecht in das Schema althergebrachter Interessenpolitik à la Kissinger; daß Menschen grundlegende religiöse Interessen haben können, die durchaus Einfluß auf die Weltpolitik haben, ist dem Interessenpolitiker Kissinger offenbar nie in den Sinn gekommen.[4] Seit dem Huntington-Artikel merkten nun aber immer mehr Politologen, daß *zur Multipolarität globaler Politik auch die Multikulturalität und Multireligiosität* gehören.

Für eine Einschätzung künftiger Konfliktpotentiale ist es zweifellos wichtig, ernst zu nehmen, daß Konflikte der Weltpolitik sich gerade zwischen Gruppen und Nationen verschiedener Kulturen abspielen können. Es gibt doch zu denken: Die von den Realpolitikern der Moderne gezogenen Staatsgrenzen in Osteuropa und auch in Afrika verblassen vor den *uralten Grenzen*, die nun einmal von den Völkerschaften, Religionen und Konfessionen gebildet wurden. Konfliktlinien wurden sichtbar zwischen Armenien und Aserbaidschan, zwischen Georgien und Rußland, der Ukraine und Rußland, erst recht zwischen verschiedenen Völkerschaften in Jugoslawien und schließlich auch zwischen den Hutu und Tutsi innerhalb verschiedener Staaten Zentralafrikas.

Huntington hat also nicht unrecht mit seiner Prognose, daß man realistisch auch in Zukunft mit *kulturell bedingten Konflikten zu rechnen* hat. Und dies eben nicht nur aus »geopolitischen« Gründen: weil die Welt immer kleiner, die Interaktionen zwischen den Menschen verschiedener Kulturen immer zahlreicher und die Bedeutung der realen ökonomischen Blöcke immer wichtiger werden. Sondern auch aus kultur- und religionspolitischen Gründen: Unterschiede zwischen den Kulturen sind nun einmal real, sind oft uralt und reichen von der Kindererziehung über die Staatsauffassung bis hin zum Natur- und Gottesverständnis. Und gerade wo Menschen vom ökonomisch-sozialen Modernisierungs- und Globalisierungsprozeß enttäuscht und benachteiligt sind, wenden sie sich wieder zunehmend ihren eigenen religiösen Wurzeln zu, die weniger veränderlich und aufgebbar sind als politische und ökonomische.

In alldem also hat Huntington recht, und trotzdem meine ich, ihm letztlich in seiner Grundthese nicht recht geben zu dürfen, was ebenso zu begründen ist:

2. Worin Huntington nicht recht hat

Schon in der Diskussion im Anschluß an meinen New Yorker Vortrag 1994 hat man mir gegenüber von amerikanischer Seite den Verdacht geäußert, der langjährige Pentagon-Berater Huntington [der sich mit den Religionen kaum positiv beschäftigt hatte, der aber schon mitverantwortlich war für die Strategie des Vietnam-Krieges] suche nach einer neuen Theorie, um zusätzliche Rüstungsausgaben zu begründen. Das kann ich nicht beurteilen [auch wenn es mir zu denken gibt, daß gerade jetzt wieder vom militärisch-industriellen Komplex her gegenüber angeblichen Bedrohungen für eine neue Variante des »Star-Wars-Projekts« (Kosten nach Präsident Clintons Vorschlag runde sieben Milliarden Dollar in den nächsten sechs Jahren) geworben wird]. Unterdessen hatte Huntington seinen mit Fragezeichen versehenen Aufsatz zu einem Buch ohne Fragezeichen[5] ausgestaltet. Er propagiert jetzt seine angeblich bewiesene Theorie geradezu als ein neues Paradigma der Außenpolitik, welches das Paradigma Erste – Zweite – Dritte – Welt ablösen soll.

Meine Einwände beziehen sich zunächst einmal auf Huntingtons *Kulturkreis-Theorie*, die er im Anschluß an Arnold Toynbee auf die These von »Clash of Civilizations« zuspitzt. Dagegen möchte ich dreierlei einwenden.

– Huntingtons Clash-Theorie *täuscht ein einfaches Koordinatensystem vor:* Ohne genauer hinzuschauen, bestimmt Huntington gewisse Zivilisationen von der Religion her: die islamische, hinduistische, konfuzianische, slawisch-orthodoxe Zivilisation. Doch bei anderen tut er dies gerade nicht: Er spricht von westlicher und japanischer Zivilisation. Dabei übersieht er, daß die Gegensätze etwa innerhalb des Islam oft größer sind als die des Islam zum Westen. Die allerneuesten Kriege fanden sehr oft zwischen Rivalen derselben Zivilisation statt: zwischen Iran und Irak, Irak und Kuwait, in Somalia, in Ruanda … Und warum gehören Australien und Israel zum Westen, Lateinamerika und Osteuropa jedoch nicht?

– Huntingtons Clash-Theorie *fördert das Blockdenken*: Die sieben oder acht »Zivilisationen« grenzt er als monolithische Größen voneinander ab. Als ob diese sich in der Realität nicht überlappten oder oft – bis hinein in die europäisch-amerikanischen Großstädte – gegenseitig durchdrängten.

– Huntingtons Clash-Theorie *ignoriert die Gemeinsamkeiten*: Innerhalb der einen Christenheit grenzt er die östlich-orthodoxe von der westlichen oder auch die westlich-nordamerikanische von der lateinamerikanischen Zivilisation ab und arbeitet allüberall das Gegeneinander der Kulturen heraus, ohne grundlegende Gemeinsamkeiten auch nur zu erwägen – von den Gemeinsamkeiten mit dem Islam und dem Judentum ganz zu schweigen.

Und damit komme ich zu meinem entscheidenden Einwand: *ein Kampf der Kulturen und Religionen ist nicht unvermeidlich!* Nicht nur kann ich Huntingtons Kulturkreis-Theorie nicht als »besten Kompaß für die Zukunft« akzeptieren. Ich kann auch seinen Fatalismus nicht teilen: Allzu vereinfacht erscheint mir seine Weltkarte. Allzu durchsichtig ist sein Interesse an einer weiteren Dominanz des »euro-amerikanischen Westens«, der keinesfalls multikulturell werden dürfe (ein multikulturelles Amerika sei unmöglich, weil ein nicht-westliches Amerika nicht amerikanisch sei). Allzu offensichtlich geht es ihm darum, »die technologische und militärische Überlegenheit des Westens über andere Kulturen zu behaupten«[6]; »im Kampf der Kulturen werden Europa und Amerika vereint marschieren müssen, oder sie werden getrennt geschlagen.«[7] So lassen sich natürlich auch leicht weitere eigenmächtige Militärinterventionen der USA und Großbritanniens unter Umgehen eines UNO-Mandats rechtfertigen.

Gerade im letzten Kapitel seines Buches liefert Huntington jedem Militär oder Vertreter der Rüstungsindustrie glänzende Argumente, wenn er in großer Ausführlichkeit das *Horrorszenario eines globalen Krieges* der USA, Europas, Rußlands und Indiens gegen China und den größten Teil des Islam entwickelt. So werden nach dem Zusammenbruch des Kommunismus die neuen »natürlichen« Feinde des Westens vorgeführt: der Islam und China (brauchen nur noch die angeblich die ganze Welt bedrohenden islamistischen Terroristen hinzugenommen zu werden). Mit solchen Aussichten läßt sich in den USA leicht die »Friedensdividende« vertun zugunsten einer neuen kostspieligen Rüstungseuphorie.

Mir erscheint es grundsätzlich fraglich, ob es nach dem kalten Krieg und der bipolaren Verfestigung der Fronten in der neuen multipolaren Welt von heute überhaupt noch ein einheitliches globales Erklärungsmodell gibt. Wichtiger als das Zivilisationen-Modell erscheint mir für eine nüchterne Beurteilung der globalen Situation, die kulturell-religiöse Dimension der Weltpolitik zwar ernst zu nehmen, sie aber doch nicht allen anderen Dimensionen überzustülpen. Hier ließe sich in der gegenwärtigen Diskussion vielleicht ein Konsens finden, den ich im folgenden formulieren möchte.

3. Worüber man sich einigen könnte

a) Den »Realisten« der Weltpolitik wird man zugeben müssen: Auch in den außenpolitischen Konflikten der nach-modernen Epoche geht es zuallermeist um Territorien, Rohstoffe, Handel und Geld, also um *wirtschaftliche, politische und militärische Machtinteressen.*

b) Umgekehrt müßten gerade »Realisten« zugeben: Für territoriale Auseinandersetzungen, wirtschaftliche Konkurrenz und Machtinteressen aller Art bilden die *ethnisch-religiösen Differenzen und Rivalitäten* zwar nicht das alles erklärende Paradigma oder Koordinatensystem, wohl aber die ständig gegebenen *untergründigen Strukturen*, von denen her die politisch-wirtschaftlich-militärischen Konflikte jederzeit gerechtfertigt, inspiriert und dramatisiert, aber auch entschärft und befriedet werden können.

c) Die Kulturen oder – eindeutiger – die *Religionen* bilden also nicht die leicht zu kartographierende Oberflächendimension aller Konflikte, doch bilden sie mit ihren höchst verschiedenen Paradigmen die auf keinen Fall zu vernachlässigende *Tiefendimension* vieler Antagonismen und Konflikte zwischen den Nationen, und dies oft noch mehr innerhalb der Nationen, in den einzelnen Städten, Schulen, ja Familien.

d) Fazit: Der angebliche unausweichliche globale *Zusammenprall der Kulturen* kann bestenfalls als von einzelnen Militärstrategen benötigtes neues Angstmodell dienen. Aber die zukunftsweisende Vision für die Menschheit ist vielmehr der mit allen Kräften anzustrebende globale *Frieden zwischen den Religionen und Kulturen, der Voraussetzung und Motor eines globalen Friedens zwischen den Nationen* ist.

Ob Huntington diesem Programm nicht zustimmen könnte? Erst auf den letzten fünf Seiten seines Buches erwähnt er das, was er auf den vorhergehenden fünfhundert Seiten sträflich vernachlässigt hat und was nun im nachhinein sein gesamtes Buch relativiert: daß »den großen Weltreligionen (...) gewisse Werte gemeinsam« sind, so daß für den Frieden in einer multikulturellen Welt geradezu ein »Prinzip der Gemeinsamkeiten« zu formulieren ist: »Menschen in allen Kulturen sollten nach Werten, Institutionen und Praktiken suchen und jene auszuweiten trachten, die sie mit Menschen anderer Kulturen gemeinsam haben.«[8]

In solchen Worten Huntingtons kann ich geradezu eine Umschreibung von »Projekt Weltethos« sehen: »Die Zukunft des Friedens und der Zivilisation hängt davon ab, daß die führenden Politiker und Intellektuellen der großen Weltkulturen einander verstehen und miteinander kooperieren.« Von daher müßte Huntington eigentlich zustimmen können: nicht Zusammenprall und Kampf der Kulturen, sondern Dialog und Kooperation der Kulturen – dies sollte das Modell der Zukunft sein!

1 Vgl. H. Küng, Christentum und Weltreligionen. Hinführung zum Dialog mit Islam, Hinduismus und Buddhismus (mit J. van Ess, H. v. Stietencron, H. Bechert), München 1984, Epilog.

2 UNESCO-Kolloquium »Weltreligionen, Menschenrechte und Weltfrieden« vom 8. bis 10. Februar 1989 in Paris.

3 Vgl. S. P. Huntington: The Clash of Civilizations? In: *Foreign Affairs* 72, Nr. 3 (1993), S. 22–49.

4 Zur Auseinandersetzung mit Henry Kissinger siehe H. Küng: *Weltethos für Weltpolitik und Weltwirtschaft.* München 1997, S. 19–33.

5 S. P. Huntington: *The Clash of Civilizations and the Remaking of World Order.* New York 1996. Dt.: *Der Kampf der Kulturen.* Die Neugestaltung der Weltpolitik im 21. Jahrhundert. München 1996.

6 Ebd. S. 514.

7 Ebd. S. 531.

8 Ebd. S. 528.

Wer mit der islamischen Zivilisation und ihrer
Geschichte vertraut ist, kennt die Auszeichnung *al-
Mu'allim al-thani* (der zweite Meister), die dem
Begründer der politischen Philosophie im Islam, al-
Farabi (870–950), zuteil wurde.[1] Es waren mosle-
mische Zeitgenossen von al-Farabi, die ihm den
zweiten Rang (*al-thani*) einräumten. Den ersten (*al-
Mu'allim al-awwal*) reservierten sie einem Nicht-
moslem: nämlich Aristoteles.[2] In ähnlicher Weise
schätzen Europäer die moslemischen Philosophen
Ibn Sina (Avicenna, 980–1035) und Ibn Rushd
(Averroes, 1126–1198) nicht nur, weil diese das
Vermächtnis des antiken Griechenland in islamischer Gestalt nach Europa vermittelt haben, sondern auch für deren eigene epistemologische Leistungen, so etwa Ibn Rushd für seine Lehre über die
Haqiqa al-muzdawadja (doppelte Wahrheit). Ibn
Rushd hat zwischen philosophischem, d. h. ver-
nunftbestimmtem Wissen und religiösen Glaubens-
sätzen unterschieden, die auf göttlicher Offenba-
rung beruhen, und damit den Weg für die
Entstehung der neuzeitlichen Vernunftphilosophie
geebnet. Die Schlußfolgerung aus dieser einleiten-
den Bemerkung ist, daß beide, der Islam und der
Westen, einander zu Dank verpflichtet sind.

Das positive Vermächtnis

Leslie Lipson, ein führender Historiker der Zivilisationen, verweist auf den intellektuellen Einfluß, den der Islam am Vorabend der Renaissance auf den entstehenden Westen ausgeübt hat:

»Aristoteles schlich durch den Nebeneingang nach Europa zurück. Seine Wiederkehr ist den Arabern zu verdanken, die mit griechischen Denkern bekannt geworden waren. (...) Sowohl Avicenna als auch Averroes wurden von ihm beeinflußt. Als die Universität von Paris aufgebaut wurde, wurde Aristoteles aus Cordoba eingeführt.«[3]

Maxime Rodinson, ein international führender Islamologe, nennt die Anziehungskraft der moslemischen Zentren Cordoba und Toledo »La fascination de l'Islam«.[4] Es ist genau dieser Geist von Cordoba, der den großen Verleger Lord George Weidenfeld, einen Überlebenden des Holocaust, dazu veranlaßt hat, wichtige Meinungsführer aus Judentum, Christentum und Islam im Februar 1998 in diese Stadt einzuladen, um im Streben nach Frieden einen Trialog zwischen diesen Gemeinschaften ins Leben zu rufen. Ich hatte die Ehre, unter den Rednern sein zu können. Wir sind, so habe ich dort ausgeführt, Zeitgenossen einer Epoche des Konfliktes zwischen den Zivilisationen: Genau darum sollten wir unseren Diskurs als ein Mittel zur friedlichen Konfliktlösung in ebendiesem Kontext ansiedeln. Ich beginne meine Kommentare zu den Beiträgen von Bundespräsident Herzog mit diesen Bemerkungen, weil sie – als Verweise – den Bezugsrahmen meiner Überlegungen darstellen. Dieser Bezug wird im folgenden deutlicher werden.

Der deutsche Altbundespräsident Roman Herzog, der mich vor vier Jahren für die Vermittlung zwischen dem Islam und dem Westen mit dem Bundesverdienstkreuz Erster Klasse ehrte, sorgt sich sehr um den Frieden. Darum will er unser Zeitalter nur sehr widerstrebend als eines der Konflikte zwischen den Zivilisationen sehen. Seine Überlegungen, wie sie in den gesammelten Texten dieses Bands wiedergegeben sind, konzentrieren sich – »Wider den Kampf der Kulturen« – auf die Suche nach Gemeinsamkeiten. Ich teile das Anliegen Roman Herzogs genauso wie seine Suche nach Gemeinsamkeiten, behaupte dennoch, daß wir die Konfliktfelder nicht übersehen dürfen. In Übereinstimmung mit ihm hebe ich die Bedeutung des Dialogs hervor, auch ich betrachte den Dialog als ein Instrument der Konfliktlösung. In den folgenden Überlegungen möchte ich verschiedene Fragen behandeln. Zuvorderst geht es darum, ob es möglich ist, den Zusammenstoß der Zivilisationen zu verhindern. Wenn die Antwort positiv ausfällt, stellt sich sofort die nächste Frage: Wie ist das möglich?

Ein Versuch, die Ansätze von Herzog und Huntington in Einklang zu bringen

Auch der international bekannte Gelehrte Samuel P. Huntington aus Harvard teilt das Anliegen von Roman Herzog, nach Gemeinsamkeiten zu suchen;

darum schließt er sein Buch *The Clash of Civilizations* mit dem Kapitel »Die Gemeinsamkeiten der Zivilisationen«.[5] Gleichwohl unterscheidet sich der Fokus Huntingtons sehr von dem Herzogs. Während dieser bemüht ist, jeglichen Dissens herunterzuspielen, arbeitet Huntington die Quellen der Divergenzen heraus, die zu internationalen Konflikten führen. Herzog unterstreicht das »Teilen von Werten« (Rede vom 5. April 1995) im Kontext des »gemeinsamen Erbes der islamischen und westlichen Kulturen«, während Huntington deren Unterschiede betont. Wer von beiden hat recht? Gibt es einen Mittelweg? Können wir beide Sichtweisen in Zusammenhang miteinander bringen, um die anstehenden Probleme zu meistern?

Als Mensch mit arabisch-moslemischer Erziehung und einer akademischen Ausbildung in Deutschland und den Vereinigten Staaten, als einer, der als Migrant im Westen, in Deutschland, lebt und als Gastdozent in Harvard, erfahre ich in meinem alltäglichen Leben mehr Unterschiede als Gemeinsamkeiten zwischen der westlichen und der islamischen Zivilisation. Sind diese Spannungen vorübergehend und eher politischer Natur? Oder haben sie eine kulturelle Grundlage?

Ich habe meine Kommentare mit einer Bemerkung über die islamische Verehrung von Aristoteles und die hohen Bedeutung eingeleitet, die ihm in der Geschichte des Islam zuerkannt wurde. Damit wollte ich ein historisches Beispiel liefern. Ich wollte aber auch ein Modell für ein zukünftiges, gegenseitiges Verständnis zeigen, ohne damit jedoch zu leugnen, daß es einerseits in der islamischen Zivilisation eine starke antiwestliche Strömung gibt[6], wie andererseits im Westen eine sich ausbreitende Angst vor dem Islam.[7]

Als Moslem mit deutscher Staatsbürgerschaft schätze und ehre ich den Wunsch des ehemaligen deutschen Bundespräsidenten, einen Zusammenprall der Zivilisationen zu verhindern, ja ich teile diesen Wunsch. Aber als Wissenschaftler, der sich mit internationalen Beziehungen beschäftigt und versucht, Pragmatismus mit Ethik zu verbinden, kann ich nicht übersehen, welche Konfliktpotentiale heute, im post-bipolaren Zeitalter und kurz vor der Jahrtausendwende, in der Interaktion zwischen den Zivilisationen stecken. Mit anderen Worten: Die gute Absicht enthebt uns nicht der Aufgabe, diese Potentiale zu analysieren. Nur so können wir uns mit Mitteln friedlicher Konfliktlösung wappnen. Noch einmal: Der interkulturelle Dialog ist ein Mittel zur friedlichen Konfliktlösung. Daher muß er mehr sein als ein intellektueller Austausch oder gar eine bedeutungslose nette Konversation.

Im Frühjahr 1995 besuchte Roman Herzog Pakistan: eine der größten islamischen Nationen. Er hielt in Islamabad seine großartige Rede über das gemeinsame islamisch-westliche Erbe und distanzierte sich von Huntingtons Konzept des Zusammenpralls der Zivilisationen. Im Herbst des gleichen Jahres organisierte das Goethe-Institut in Karatschi, Pakistan, eine große Veranstaltung, die dem Dialog zwischen dem Islam und dem Westen dienen sollte, allerdings mit dem Untertitel »Wie ist mit Unterschieden umzugehen«.[8] Ich habe dort drei Vorträge gehalten, in denen ich verschiedene Felder von »Differenz« aufgezeigt habe, die zu Konflikten führen könnten. Diese Felder sind: säkularer Nationalstaat versus göttliche Ordnung, individuelle Menschenrechte versus religiöse Pflichten und islamische Migration nach Europa zwischen Integration und Kommunitarismus.[9] Natürlich gibt es für all diese Konfliktfelder friedliche Lösungen. Mein Punkt ist jedoch, daß es hier nicht nur Gemeinsamkeiten gibt, sondern auch trennende Unterschiede, die unbedingt zu beachten sind. Es ist nicht nur eine Frage der Ehrlichkeit, sondern eine politische Aufgabe: Wer sich in die Lage versetzen will, Konflikte zu lösen, muß sie beim Namen nennen.

Auf den dargestellten Grundlagen behaupte ich: Es ist möglich – und es scheint sogar notwendig –, nach einer Synthese zwischen den unterschiedlichen Ansätzen des Politikers Herzog und des Wissenschaftlers Huntington zu suchen. Damit meine ich einen versöhnenden Ansatz, der die Analyse des unbestreitbaren Konfliktes zwischen den Zivilisationen mit einer von Ethik geleiteten Suche nach kulturübergreifenden Gemeinsamkeiten verbindet. Das Ergebnis wird eine Strategie des interkulturellen Dialoges sein, der über moralisierende Erklärungen hinausgeht und der im Dienst friedlicher Konfliktlösung steht. In diesem Kontext möchte ich die »Karatschi-Formel« wiederholen: Dialog heißt, »wie ist mit Unterschieden umzugehen«. Eine Antwort auf diese Frage sollten wir uns zum Ziel des überfälligen Bemühens um einen Dialog setzen. In

Karatschi und im Verlauf anderer vergleichbarer westlich-islamischer Dialoge, die in Jakarta, Kuala Lumpur, Amman und anderswo geführt wurden, wurden die Unterschiede nicht im Sinn trennender Verwerfungslinien angesprochen, sondern im Geist eines Rahmenwerks, aus dem sich eine Strategie für die Suche nach Lösungen und Gemeinsamkeiten entwickeln läßt. In diesem Sinn bin ich von der Notwendigkeit überzeugt, die Ansätze von Herzog und Huntington zu kombinieren; man darf beide nicht gegeneinander verfestigen und sie schon gar nicht vollständig voneinander trennen.

Wie können die Probleme ohne Dämonisierung angesprochen werden?

An diesem Punkt muß ich zugeben, daß einige moralisierende deutsche Intellektuelle gegenwärtig jedes Gespräch über »Unterschiede« dämonisieren.[10] Auch Huntington wurde in diesem Diskussionszusammenhang verteufelt. Es gibt viele Bücher und Artikel, in denen Gesinnungsethiker kritisches Denken zu verbieten versuchen. Es ist eine Tatsache, daß die deutsche Ausgabe von Huntingtons Buch *The Clash of Civilizations* den irreführenden Titel »Kampf der Kulturen« trägt. Dennoch wurde die deutsche Ausgabe mehr als 100 000mal verkauft.

Als Moslem, der zwischen dem Islam und dem Westen vermittelt, begebe ich mich nicht in die Arena der Dämonisierung; ich halte sie für gefährlich und störend. Ich glaube, daß diese wie jede andere Art der Dämonisierung für unsere Debatte kontraproduktiv ist. Deshalb danke ich Roman Herzog und seinen Kollegen dafür, daß sie Huntington in dieses Buch aufnehmen – und nicht ausschließen wollten, und bedaure, daß er diese Einladung abgelehnt hat. Mit meinem islamischen kulturellen Hintergrund und meiner westliche Ausbildung, als ein in beiden Zivilisationen lebender Mensch kann ich deren teilweise sehr große Unterschiede nicht übersehen. In meinen Arbeiten spreche ich diese Differenzen an (vgl. die Anmerkungen 10 und 20). An diesem Punkt stehe ich Huntington nahe; doch ich spreche vom Konflikt, ausschließlich um diesen mit friedlichen dialogischen Lösungen zu überwinden. Damit wiederum stehe ich Roman Herzog nahe. Allerdings hat bereits die bloße Tatsache, daß ich auf Unterschiede hinweise, dazu geführt, daß die Dämonisierung Huntingtons auf meine Person und meine Arbeiten ausgedehnt wurde. Das ist ärgerlich, und ich schließe daraus, daß eine rationale Debatte über die anstehenden Probleme jenseits von Tabus und der Zensur[11] der *political correctness* dringend notwendig ist. Die Angelegenheit ist zu bedeutsam: Der Weltfrieden sollte von Polemiken und moralisierenden Erklärungen freigehalten werden.

Konflikte zwischen dem Islam und dem Westen drehen sich vor allem um zwei Problemfelder: Es geht um Macht und um Werte. Ich folge Herzog in der Konzentration auf die normative Ebene der Debatte und somit auf Werte als dem wichtigsten Gegenstand im interkulturellen Dialog. Deshalb behandele ich im Folgenden Werte, Wertewandel und internationale Moralität mit einem Fokus auf einen kulturübergreifenden Brückenschlag. In Anlehnung an Roman Herzog zeige ich einen alternativen Weg auf, wie auf die Wechselwirkung zwischen Kultur/Zivilisation, Entwicklung und Globalisierung geschaut werden kann.[12] Ich verstehe Kultur als soziale Sinnstiftung und damit als eine lokale Angelegenheit.[13] Ähnliche und verwandte Kulturen gruppieren sich zu einer Zivilisation in unserem globalen Dorf. In Überwindung der hergebrachten Dichotomie von Tradition und Moderne und der damit verwandten evolutionistischen Auffassung eines unilinearen Fortschrittes wird die europäische Expansion nicht nur in der Weise begriffen, daß damit eine eurozentrische Weltökonomie geschaffen wird, sondern auch und vor allem als ein Versuch, die Welt entlang der Muster der westlichen Zivilisation und ihrer Standards zu formen. Am Ende des Jahrtausends nimmt die Reaktion auf das Eindringen des Projektes von Modernisation, Akkulturation und Verwestlichung die Gestalt der Retraditionalisierung, Gegenakkulturation und Entwestlichung an. Dieser Gegenschlag kann als ein Ausdruck des Zusammenpralls der Zivilisationen betrachtet werden. Ohne Rücksicht auf die eigene Position müssen wir sicherlich Huntingtons Versuch, Kultur/Zivilisation in die Analyse aufzunehmen, anerkennen und begrüßen; das heißt aber nicht, daß wir auch die auf den Westen zentrierte Ausrichtung, die in Huntingtons Ansichten steckt, übernehmen müßten. Anders als dieser

betrachte ich den Konflikt nicht vor dem Hintergrund sicherheitsanalytischer Überlegungen, sondern eher als einen Konflikt zwischen zivilisatorischen Weltanschauungen, der durch die Suche nach
einer kulturübergreifenden, aber eben nicht universalistischen Moralität verhindert werden kann. Das
ändert aber nichts daran, daß ich Huntingtons
Würdigung unserer kulturell vielschichtigen Welt,
ebenso wie seine Suche nach Gemeinsamkeiten
begrüße. Noch einmal: Meine Position liegt zwischen der von Herzog und der von Huntington; in
gewisser Weise betrachte ich mich als Vermittler
zwischen beiden.

Was den Zusammenprall der Zivilisationen – jenseits des bestehenden Potentials – immer aktueller
werden läßt, ist eine Politisierung der zivilisatorischen Weltanschauungen, die in politischen Ideologien religiöser Fundamentalismen resultiert.[14] Internationale Moralität wird hier als eine Alternative
vorgestellt, die auf einen kulturübergreifenden
Brückenschlag zielt, nicht auf einen Zusammenstoß. Religiöse Fundamentalisten dagegen politisie-
ren die Unterschiede und überführen so den Zusammenprall der Zivilisationen vom Potentiellen ins
Tatsächliche. Um es noch einmal klarzustellen:
Selbstverständlich bewegt sich dieser gegenwärtige
Zusammenstoß noch nicht auf der Ebene militäri-
scher Angriffe, dafür fehlen den Fundamentalisten
aller Schattierungen die notwendigen Voraussetzungen; er vollzieht sich auf der Ebene zusammen-
stoßender Weltanschauungen. Umgekehrt ist die
Suche nach Gemeinsamkeiten – ohne die Unter-

schiede zu negieren – ein Beitrag zur Verhinderung des Zusammenpralls der Zivilisationen.

Das zentrale Thema der Debatte

Die Beziehungen zwischen dem Islam und dem Westen sind so alt wie die Geschichte der islamischen Präsenz im Mittelmeerraum. Neu ist der globale Kontext. Deshalb müssen wir zuerst die veränderten Umstände in den westlich-islamischen Beziehungen betrachten. In unserem Zeitalter betrifft der Wandel nicht nur einzelne Gesellschaften. Und dessen Ursachen liegen auch nicht ausschließlich in den breit diskutierten Prozessen der Globalisierung. Richtig ist, daß diese uns zwingen, die ererbten Konzepte noch einmal zu überdenken, damit wir ihre eindeutig begrenzten Bezugsrahmen und ihre traditionellen Weisheiten überwinden können. Fragen in bezug auf Kulturen und Zivilisationen rücken in unserem globalen Zeitalter zunehmend in den Mittelpunkt. Noch vor wenigen Jahrzehnten wurden Studierende mit den evolutionistischen Mustern des Wandels von der Tradition zur Moderne konfrontiert, die jedes »Zwischenstadium« allein als Zustand der Transition zwischen traditionellen und modernen Gesellschaften begreifen ließen.[15] So wurden Werte entweder als traditionell oder als modern oder als solche transitorischer Gesellschaften betrachtet. Natürlich gab es Kritik an solchen Schemata; man denke an die Kritische Theorie der Frankfurter Schule. Jedoch waren die Herausforderer nicht weniger eurozentristisch in ihren Sichtweisen als jene, die sie vermeintlich herausforderten. Der große französische Sozialwissenschaftler Raymond Aron war einer der wenigen Wissenschaftler, die die kulturellen Unterschiede, die den standardisierenden Wirkungen in einer globalisierenden Welt deutlich widerstanden, als soziale Tatsache honorieren konnte. Diese Globalisierung wurde beschrieben als »Schrumpfen des Erdballs«, bis er zu einem »globalen Dorf« wird. Eine parallele globale Kultur läßt sich bis heute nicht erkennen. Aron sprach von kulturellen Unterschieden als von der »Heterogenität der Zivilisationen«[16], die von den internationalen Strukturen der Bipolarität und dem mit ihr verbundenen Wettstreit der ehemaligen Supermächte vorübergehend verdrängt und nur oberflächlich verschleiert werde. In seiner großartigen Arbeit *Paix et guerre entre les nations* (1962) zeigt sich Aron ziemlich sicher, daß diese Verschleierung durch die Zweiteilung der Welt nicht von Dauer sein könne (vgl. Anmerkung 16). Kurz vor der Jahrhundertwende sehen wir die Rückkehr der Zivilisationen in den Mittelpunkt des Geschehens, nun in neuer Gestalt und natürlich unter vollkommen veränderten Bedingungen. Huntington war es, der diese Frage in den Vordergrund gerückt hat; er hat sie gewiß nicht erfunden, wie seine Widersacher behaupten.

Zu meinen grundlegenden Argumenten gehört, daß Kulturen und Zivilisationen verschiedene Dinge sind. Jede Zivilisation hat, so sage ich, ihren eigenen Bestand an Weltanschauungen, die die Werte der Menschen der jeweiligen Zivilisation bestimmen. Daß diese Weltanschauungen und die mit ihnen verbundenen Werte verschieden sind und auch in Konflikt miteinander geraten können, scheint ganz natürlich. Aus einer westlichen Perspektive sollten wir in der Lage sein, den Wandel auf dem Gebiet der Werte mit Hilfe von allgemeinen Konzepten und Theorien zu untersuchen. Wir müssen dabei jedoch unabdingbar der Tatsache Rechnung tragen, daß in jeden Fall kulturelle und zivilisatorische Wertekanons involviert sind. Wenn wir davon ausgehen, daß Wissen universell ist, können wir diese Sichtweise als allgemein betrachten. Gleichwohl aber können Werte nicht einfach als »modern« oder »traditionell« beschrieben oder in einer mechanistischen, also reduktionistischen Weise auf soziökonomische Zwänge zurückgeführt werden. Ich will hiermit sagen, daß es ein Zusammenspiel von kulturellem, sozioökonomischem und politischem Wandel gibt. Männer und Frauen sind in diesen komplizierten Prozessen verwurzelt, wobei sie ihre jeweils kulturell bestimmten Wahrnehmungen besitzen. Kulturelle Wahrnehmungen sind nicht immer mechanistische Reflexionen einer objektiven Realität, insofern sie selbst bestehende Realitäten teilen und beeinflussen können. Deshalb muß die Untersuchung von Werten im Prozeß ihres Wandels von bestehenden reduktionistischen Ansätzen befreit werden. Ich schlage vor, dieses Verständnis dem Appell für allgemein geteilte Werte hinzuzufügen, den Roman Herzog vorgetragen hat. Für die Suche nach einem Dialog zwischen den Zivilisationen ist die Einsicht zentral, daß kulturelle Werte veränderlich, also dem Wandel unterworfen sind.

Ist Globalisierung Verwestlichung?

Es gibt grundlegende, aber keine essentiellen Werte, weder im Westen noch im Islam. Daraus folgt die Notwendigkeit, den Wertewandel in unserem Zeitalter zu untersuchen. Dieser hängt nicht nur mit der strukturellen Globalisierung zusammen, sondern auch mit der Tatsache, daß unser Jahrhundert als ein »Zeitalter der Extreme« beschrieben werden kann, um einen Ausdruck von Eric Hobsbawm zu verwenden. Unser Zeitalter ist auch eines der Wertkonflikte zwischen Zivilisationen mit verschiedenen Weltsichten. Die europäische Expansion war nicht nur eine Expansion moderner ökonomischer Strukturen, denn diese Expansion war ja auch mit dem Anspruch verbunden, die Welt im Verlauf einer radikalen Modernisierung zu verwestlichen. In diesem Kontext wurde das Studium des Wandels in den nichtwestlichen Teilen der Welt als eine Untersuchung von Gesellschaften konzipiert, die sich von der Tradition zur Moderne bewegen. Man hat erwartet, daß sie in diesem Prozeß westliche Werte annehmen, die man für universal und damit als gültig für die ganze Welt und alle ihre Zivilisationen betrachtet hat. In diesem Verständnis war die europäische Expansion verbunden mit Ansprüchen auf und Prozessen von Modernisierung, Akkulturation und Verwestlichung.[17] All diese drei Konzepte wurden, bewußt oder unbewußt, als gegeneinander austauschbar benutzt. Deshalb sind nichtwestliche Menschen – abseits diplomatischer Höflichkeit – mißtrauisch, wenn sie von westlicher Seite zu einem Dialog über gemeinsame Werte aufgefordert werden. Angesichts dieser Hindernisse tut man gut daran, sich klarzumachen, daß ein Dialog kein schnelles und müheloses Geschäft ist.

Der westlichen Debatte fehlen offensichtlich einige grundlegende Einsichten. Zuerst einmal basieren die Konzeptionalisierung von Kultur im begrifflichen Rahmen von Tradition und Moderne und die Auffassung von Veränderungsprozessen als unilinearer Entwicklung, die in Richtung eines größeren Fortschritts verläuft, auf einer Fehlkonzeption. Der Anspruch auf universelle Gültigkeit aller westlichen Annahmen ist ein Hindernis auf dem Weg zu einem besseren, d. h. zutreffenderen Verständnis von nichtwestlichen Zivilisationen. Das aber wäre nötig. Wie Aron festgestellt hat, gehören Menschen Kulturen und Zivilisationen mit jeweils eigenen Weltanschauungen und Werten an (siehe Anmerkung 16).

Der Prozeß der Modernisierung, wie er der aktuellen Globalisierung innewohnt, kann die Existenz von kulturellen und zivilisatorischen Unterschieden nicht auslöschen. Tatsächlich führte der Prozeß, in dem die Welt zu einem globalen Dorf schrumpfte, zu einem beispiellosen gegenseitigen Bewußtsein füreinander und zu einer Interaktion zwischen Menschen verschiedener Kulturen und Zivilisationen. Doch kann dieser Prozeß »selbst keine Einheit der Einstellung schaffen und hat das in Wirklichkeit auch nicht getan«, wie Hedley Bull richtig bemerkt.[18] Das im Prozeß der Globalisierung gewonnene Bewußtsein voneinander hat nicht zu einer kulturellen Standardisierung geführt, sondern eher zum Gegenteil: zu einem Bewußtsein davon, verschieden zu sein. Damit entwickelte sich aber auch ein neues Verständnis für die Werte der eigenen Zivilisation. Aus diesen Prozessen erwuchs die wert- und normzentrierte »Revolte gegen den Westen«[19], die heute im Mittelpunkt des Interesses steht. Lange vor dem Ende des Ost-West-Konflikts traf Hedley Bull in seiner Betrachtung eine klare Unterscheidung. Ihm ging es darum, zu differenzieren zwischen einerseits der frühen antikolonialen Revolte gegen den Westen, die, um das Streben nach nationaler Unabhängigkeit zu legitimieren, westliche Konzepte nutzte (z. B. die Volkssouveränität und den Nationalstaat), und andererseits der neuen »Revolte gegen den Westen« (vgl. Anmerkung 19). Die letztere – wie schon dargestellt – ist eine Revolte gegen westliche Werte und deren Anspruch auf Universalität. Die Formulierung *Krieg der Zivilisationen*[20], die ich zum Titel meines Buchs über diese Frage wählte, bezieht sich auf dieses reale Geschehen und ist nicht aus der Luft gegriffen.

Um es noch deutlicher zu machen: Mein Ansatz unterscheidet sich von dem eines »Zusammenpralls der Zivilisationen«, wie ihn Huntington beschreibt. Mit der Formulierung »Krieg der Zivilisationen« beziehe ich mich auf die Tatsache, daß Zivilisationen keine Armeen besitzen und sich auch nicht in der Absicht, um die Weltmacht zu kämpfen, um einen Kernstaat versammeln können, wie Huntington behauptet. Das Interesse meiner Forschung richtet sich auf Weltanschauungen und Werte, und darum teile ich mit Roman Herzog den Willen, eine Formel dafür zu finden, wie sich Werte teilen lassen. Die schwierige Frage ist, wie eine solche Formel aussehen könnte.

Der unterstellte »Krieg der Zivilisationen« ist ein Krieg miteinander in Konflikt liegender Weltsichten, die entweder Universalität für sich selbst beanspruchen oder aber den ihnen auferlegten Universalitätsanspruch anderer bestreiten. Setzt man voraus, daß kein einziger zivilisatorischer Universalismus einen global gültigen Konsens untermauern kann, dann sind Politiker, die sich wie Herzog als Bundespräsident für den Weltfrieden einsetzen, herausgefordert, nach möglichen Alternativen zu suchen. Ich glaube, daß das Konzept einer internationalen Moralität, wie ich es hier vorstelle, zu einer geeigneten Grundlage werden kann, auf der sich ein Konsens zwischen den Zivilisationen über grundlegende Werte entwickeln läßt. Um es ganz eindeutig zu sagen: Diese internationale Moralität ist nicht das »Weltethos«, das Hans Küng beschrieben hat. Meiner Ansicht nach kann es ein solches Weltethos in der Realität nicht geben, weil jede Zivilisation ihr eigenes Ethos hat, das durch eine entsprechende Weltanschauung untermauert wird. An diesem Punkt stelle ich auch Roman Herzogs Vorstellung einer »Weltzivilisation« in Frage.

Strukturelle Globalisierung,
doch zugleich kulturelle Fragmentierung.
Also keine Universalisierung

An der Jahrtausendwende scheinen sich die erwarteten Prozesse der Modernisierung, Akkulturation
und Verwestlichung der Welt umzukehren: in Prozesse der Retraditionalisierung, Gegenakkulturation und Entwestlichung. Es ist verblüffend zu
beobachten, daß das Wiederaufleben lokaler Kulturen und der Zivilisationen, um die jene sich drehen,
mit einer vielschichtigen Gleichzeitigkeit verbunden
ist:

Erstens ist, ungeachtet der jeweiligen Eigentüm-
lichkeit, das Erwachen vormoderner Kulturen – die
für parochial gehalten werden – und der traditionellen Zivilisationen wie des Islam, des Hinduismus
oder des Konfuzianismus in ein und demselben
Kontext verwurzelt. Es ist ein Kontext, für den die
bekannten Begriffe »Weltzeit« und »globales Dorf«
geprägt wurden. Aber Globalisierung ist etwas
grundlegend anderes als Universalisierung.

Zweitens gewinnen die Strukturen, die sich in der
westlichen Zivilisation entfaltet haben, an Globalität. Über Jahrhunderte hinweg bildete die europäische Expansion den Rahmen für Globalisierung,
doch wirken die Werte genau dieser Zivilisation
nicht gleichzeitig auch universalisierend. Solange
man sich diese Unterscheidung nicht wirklich klar-
macht, wird man auch das Ergebnis, die Gleichzeitigkeit von struktureller Globalisierung und kultureller Fragmentierung, also die Koexistenz von

globalen Strukturen und der Nichtübereinstimmung über Werte, nicht wirklich begreifen.

Für das Verständnis der beschriebenen Umstände, die hier im Sinne einer Gleichzeitigkeit von vereinheitlichenden Strukturen und trennenden Ansichten konzeptualisiert wurden – also als ein innerhalb des internationalen Systems schwindender Konsens über gemeinsame Interessen und Werte, bedarf es einer grundlegenden Voraussetzung.[21] Es ist unbedingt erforderlich, die *bestehende Heterogenität der Zivilisationen* anzuerkennen. Im Gegensatz zu anderen Autoren treffe ich in meiner Arbeit eine klare Unterscheidung zwischen Kultur und Zivilisation, d. h., ich benutze sie nicht gegeneinander austauschbar. Ich fasse Kultur – wie oben erklärt – als ein System sozialer Sinnstiftung auf, woraus folgt, daß Kulturen stets lokal sind (siehe Anmerkung 13). Jedoch können Kulturen zu einer Gruppierung gehören, soweit sie etwa in bezug auf Werte und Weltanschauungen Verwandtschaftsmerkmale aufweisen. Solche »Verwandtschaftsgruppen« werden hier als Zivilisation bezeichnet. So betrachtet gibt es nur eine westliche und auch nur eine islamische Zivilisation. Innerhalb des Islam gibt es nicht die eine Kultur, sondern Tausende von Kulturen; gleichwohl aber die eine islamische Zivilisation. Mit anderen Worten: Sowohl die westliche als auch die islamische Zivilisation sind aufgespalten in eine große Bandbreite lokaler Kulturen. In meinen Untersuchungen zum Islam habe ich von der Gleichzeitigkeit zivilisatorischer Einheit und kultureller Vielfalt gesprochen. Hinsichtlich der vorherrschenden Weltsicht teilen die kulturell verschiedenen Völker der islamischen Zivilisation dieselben zivilisatorischen Muster gegenüber dem Westen. Ihre Werte sind, auch wenn sie sich unterscheiden, einander näher als den Werten der westlichen und anderer Zivilisationen. In dieser Hinsicht ähneln meine Ansichten denen Huntingtons. Ich behaupte, daß sich die islamische Welt dagegen wehrt, daß ihr im Namen der Modernisierung der westliche Universalismus aufgezwungen werden soll. Frieden im »globalen Dorf« erfordert einen internationalen Konsens über Werte; der interkulturelle Dialog, wie ihn sich Roman Herzog vorstellt, ist das Instrument dafür.

Die fortschreitende Globalisierung ruft Wandlungsprozesse hervor, in die auch die Werte einbezogen werden. Für den notwendigen Dialog unterscheide ich drei Ebenen: die lokal-kulturelle, die regional-zivilisatorische und die globale. Eine Vermittlung zwischen diesen drei Ebenen ist für den Weltfrieden unbedingt notwendig. Nur auf diese Weise können wir Roman Herzogs Ziel erreichen, einen Zusammenprall zu verhindern. Wechselseitiges Bewußtsein von Unterschieden führt nicht zwangsläufig zu Unfrieden. Es kann, getragen vom klaren Willen, miteinander in Frieden zu leben, auch zu gegenseitigem Verständnis führen. Kultureller Dialog im Bestreben, eine Gemeinsamkeit von Werten zu finden, d. h. eine internationale Moralität, verspricht mehr Erfolg als das zwanghafte Übertragen eines Universalismus von einer Zivilisation auf alle anderen. Jedoch, und im Unterschied zu Roman Herzog, betone ich die Tatsache, daß wir die Unterschiede ansprechen müssen. In meiner Untersuchung sehe ich den kulturellen Dialog – verstanden in der skizzierten Weise – als ein Mittel, mit dem sich nach gemeinsamen Werten suchen und ein Wertkonsens im Rahmen einer internationalen Moralität erreichen läßt. Dieser Prozeß zielt auf einen Wechsel vom Universalismus zum Versuch der Errichtung eines kulturübergreifenden Fundaments ab, auf dem sich eine Brücke zwischen konkurrierenden und rivalisierenden, damit auch potentiell zusammenprallenden Zivilisationen schlagen läßt. Meine Arbeit über Menschenrechte in der islamischen Zivilisation ist ein Beispiel, wie ein solcher kulturübergreifender Brückenschlag als Alternative zu einem radikalen westlichen Universalismus aussehen kann (siehe Anmerkung 23).

Zur Debatte steht die Bereitschaft, die stetig wachsende kulturelle Fragmentierung in der internationalen Gesellschaft zu verringern. An dieser Stelle scheint es mir nützlich, eine grundlegende Unterscheidung vorzustellen, wie sie die Forschung über internationale Beziehungen in der Absicht getroffen hat, die strukturelle Einheitlichkeit einerseits und die parallel dazu verlaufende Uneinigkeit oder Fragmentierung auf dem Gebiet der Werte andererseits zu verstehen. Die systemische Verbindung der verschiedenen Teile der Welt im Kontext der Globalisierung der europäischen Institution des Nationalstaats hat zur Entstehung des *internationalen Staatensystems* geführt. Von diesem internationalen System formaler Interaktion unterscheidet sich eine *internationale Gesellschaft*, d. h. eine Staatengesellschaft: Sie »existiert, wenn eine Gruppe von Staaten, die sich bestimmter gemeinsamer Interessen und gemeinsamer Werte bewußt ist (...) sich selbst als durch ein gemeinsames Regelwerk in ihren gegenseitigen Beziehungen gebunden sieht«.[22] Kein umsichtiger Beobachter würde die Existenz von universellen Regeln im internationalen System bestreiten, selbst wenn die Beziehungen zwischen den Staaten, die dieses System bilden, auf einer mehr oder weniger formalen Interaktion beruhen. Daraus folgt, daß unsere Welt eine Mischung aus einem interaktionellen *System* und einer normen- und wertzentrierten *Gesellschaft* ist, selbst wenn beide nicht miteinander gleichgesetzt werden können.

Wird das Konzept der internationalen Moralität mit den beschriebenen Realitäten eines internationalen Staatensystems und einer es begleitenden internationalen Gesellschaft in Zusammenhang gebracht, dann läßt sich die Suche nach gemeinsamen Werten in einer sich verändernden Welt als ein Versuch begreifen, eine Brücke zwischen dem System und der Gesellschaft zu schlagen, um beide einander anzunähern. Der Imperativ, die natürlich und historisch entwickelten Unterteilungen der Menschheit in lokale Kulturen und regionale Zivilisationen anzuerkennen und diese notwendige Einsicht mit den Realitäten internationaler Beziehungen in Bezug zu setzen, veranlaßt dazu, Staatengruppen als zivilisatorische Staatengemeinschaften zu betrachten. Genau darin folge ich Samuel Hun-

tington nicht, der die früher bestehenden Staatenblöcke der zweigeteilten Welt einfach durch die Vorstellung neuer Staatenblöcke ersetzt hat, die zu verschiedenen Zivilisationen gehörten. Es ist sehr
schwierig, in jeder Zivilisation einen oder mehrere
Kernstaaten als führende Macht auszumachen. In
der islamischen Zivilisation ist dies vollkommen
unmöglich. Zivilisationen sind in ihren inneren
Beziehungen zu vielschichtig und können deshalb
keine solche Struktur aufweisen, wie sie Huntington
sich vorstellt. Jedoch betonen Zivilisationen in
ihren Außenbeziehungen die ihnen gemeinsamen
Werte. Die daraus entstehenden Wertekonflikte
können zum Beispiel als ein Konflikt zwischen westlichen und asiatischen oder westlichen und islamischen Werten beschrieben werden. Statt diese Wertekonflikte als neue Grundlagen für internationale
Beziehungen zu setzen, wie es Huntington tut,
schlage ich vor, einen interkulturellen und interzivi-
lisatorischen Dialog zu etablieren. Er ist das Mittel
zur Suche nach gemeinsamen Werten, also einer
internationalen Moralität auf kulturübergreifender,
wechselseitiger – also nicht aufgezwungener – uni-
versalistischer Grundlage. Im Streben nach Demokratie und Menschenrechten scheint dieser kulturübergreifende Ansatz vielversprechender als jeg-
licher Universalismus.

Zukunftsaussichten

Roman Herzogs Versuch, einen Dialog zwischen
den Zivilisationen zu etablieren, muß im Kontext
verschiedener weithin bekannter internationaler
Projekte angesiedelt werden, in denen Wissenschaftler aus verschiedenen Zivilisationen sich
selbst der Perspektive verpflichtet haben, zu verhindern, daß die bestehende »Heterogenität der Zivilisationen« zu deren Zusammenstoß führt. Um das
Potential eines solchen Zusammenstoßes zu verringern, entstand die Idee eines Wertekanons von allseits verpflichtendem Charakter, den es zu fördern
gelte. Im Zentrum dieser Werte, von denen ange-
nommen wird, sie könnten vielleicht einmal allgemein geteilt werden, stehen säkulare Demokratie
und individuelle Menschenrechte. Einer der Beiträge von Roman Herzog in diesem Band ist ein bemer-
kenswerter Essay über die Menschenrechte.

Anhand von Hinweisen auf früher durchgeführte
internationale Projekte möchte ich mich der Frage
zuwenden, wie ein kulturübergreifender Ansatz für
Menschenrechte geschaffen werden kann. Am Wil-
son Center in Washington, D. C., und am norwegi-
schen Institut für Menschenrechte entstand die Idee,
anstelle einer universalistischen eine kulturübergreifende Untermauerung dieser Werte zu schaffen; dies
bildet die Grundlage, auf der ich mein Konzept der
internationalen Moralität entwickelt habe.[23] In
einem weiteren Versuch, diesen Gedanken zu
verfolgen, habe ich am Projekt Demokratie und
Demokratisierung in Asien teilgenommen, das an

der Université Catholique de Louvain in Belgien durchgeführt wurde.[24] Bei allen drei Projekten haben internationale Wissenschaftler mitgewirkt; sie waren sich einig, daß wir kulturübergreifende Grundlagen für den Brückenschlag zwischen den Zivilisationen brauchen, und erkannten das Vorhandensein eines geteilten ethischen Potentials für eine Übereinkunft über gemeinsame Werte an. Die Ansichten von Roman Herzog sind vom gleichen Geist getragen und stehen denen der beteiligten Wissenschaftler sehr nahe.

Wer einen kulturübergreifenden Brückenschlag will, der muß die bestehenden Unterschiede zwischen lokalen Kulturen und zwischen regionalen Zivilisationen anerkennen. Im Gegensatz dazu verweigern sich Haltungen der *political correctness* und des kulturellen Nihilismus diesen Realitäten. In der Tat ist die von der *political correctness* bestimmte Neigung, vor den kulturellen Unterschieden die Augen zu verschließen, ein höchst riskanter und selbstzerstörerischer Weg, mit den Entwicklungen umzugehen, die die Kulturen und Zivilisationen ins Zentrum rücken lassen. Ich habe den sehr wichtigen islamisch-westlichen Dialog in Karatschi bereits erwähnt, dessen Grundformel »Wie ist mit Unterschieden umzugehen« lautete. Genau dasselbe läßt sich über den oben erwähnten Dialog in Jakarta sagen.[25] Um diese Ziele weiterverfolgen zu können, muß man zuallererst in der Lage sein, tatsächliche Unterschiede anzuerkennen. Wege zu finden, mit ihnen umzugehen, ist dann die Substanz eines Dialoges, der ein Instrument zur Vermeidung des

Zusammenpralls der Zivilisationen wird. Umgekehrt werden alle Versuche, Unterschiede zu verleugnen, in der Konsequenz einen fruchtbaren Dialog verhindern.

In meiner Mitarbeit an einer Reihe internationaler Projekte, die sich mit diesen Fragen beschäftigten, habe ich gelernt, daß es im wesentlichen zwei Wege gibt, mit Unterschieden umzugehen. Der erste ist die Politisierung der unterschiedlichen Weltanschauungen und der Werte, die aus der Heterogenität der Zivilisationen entstehen. Das Ergebnis ist eine politische Ideologie religiöser Fundamentalismen, die sich derzeit leider überall in der Welt ausbreiten (siehe Anmerkung 14). Dies ist das Szenario, das ich als »Krieg der Zivilisationen« beschrieben habe (siehe Anmerkung 20). Um es noch einmal deutlich zu sagen: Es ist kein Krieg, der mit militärischen Mitteln geführt wird, sondern auf der Grundlage rivalisierender Weltsichten. Der zweite Weg betrachtet Unterschiede im Rahmen eines interkulturellen Brückenschlages.

Mein Resümee ist, daß die große Herausforderung an der Schwelle zum neuen Jahrhundert darin liegt, alte Weisheiten zu überdenken und neue Einsichten zu entwickeln. Ich teile Roman Herzogs Suche nach »geteilten Werten« und weise zugleich darauf hin, daß die früheren Ansätze, Werte im Zusammenhang mit Tradition und Moderne und im Rahmen eines evolutionistischen Glaubens an den Fortschritt zu untersuchen, keine überzeugenden Antworten auf die anstehenden schwierigen Fragen mehr geben können. Werte hängen mit Kulturen und Zivilisationen zusammen, und sie unterscheiden sich von einer zur anderen. Darum braucht, wer Werte teilen möchte, eine Art kulturübergreifendes Fundament.

Wandel in unserem Zeitalter ist ein Wandel in Richtung fortschreitender Globalisierung. Jedoch ist Globalisierung eine wesentlichere und komplizizertere Frage, als der amerikanische Glaube an eine standardisierte McWorld-Kultur unterstellt. McWorld so zu verstehen, als »mc-donaldisiere« sich unsere Welt, als standardisiere sie sich kulturell, basiert eindeutig auf einer Fehlwahrnehmung. Es ist einfach dumm, die Revolte gegen den Westen als »Jihad versus McWorld« zu betrachten.[26] Es besteht die Notwendigkeit, die Realität zu akzeptieren, die Aron bereits 1962 als »Heterogenität der Zivilisationen« beschrieben hat. Daraus folgt, daß die reale Heterogenität der Zivilisationen eine Heterogenität von Werten und der mit ihnen verbundenen Weltanschauungen ist. Es liegt bei den betroffenen Völkern und besonders bei Wissenschaftlern und Politikern, ob der tatsächliche Dissens über Werte zu einem »Zusammenprall der Zivilisationen« führt oder zur Entstehung einer internationalen Moralität.

Grundlegend dafür, daß man die richtige Wahl trifft – das sollte dieser Beitrag zeigen –, ist die Anerkennung der Tatsache, daß der Wandel der Strukturen, d. h. die Globalisierung, zu einem unerwünschten Zustand, d. h. zur Fragmentierung von Werten führt, die mit dem entstehenden Zivilisationbewußtsein bei verschiedenen Völkern zusammenhängt. Interkultureller und interzivilisatorischer Dialog über Werte, wie ihn sich Roman Herzog vorstellt, scheint als Weg, dieser Herausforderung zu begegnen, vielversprechender, als Gespräche über Unterschiede aus Gründen der *political correctness* zu unterlassen, und das gilt um so mehr für eine Zeit, in der Fundamentalisten diese Unterschiede zu Gräben zwischen den Menschen dieser Welt, vertiefen. Wir können nur hoffen, daß dieses Buch die internationale Debatte über die anstehenden Fragen anregen wird und so zum Weltfrieden beiträgt. Roman Herzog ist für seine Bemühungen in dieser Richtung zu gratulieren. Er ist einer der leider wenigen, darum um so lobenswerteren westlichen Politiker, die mit den positiven Begegnungen zwischen dem Westen und dem Islam vertraut sind, mit denen ich diesen Kommentar eröffnet habe. Herzogs Hinweis auf das »gemeinsame Erbe« beider Zivilisationen ist ein guter Anfang für einen Dialog, der sich nicht scheuen sollte, Unterschiede und Dissens zu benennen, um einen Zusammenprall der Zivilisationen zu verhindern.

1 Siehe die grundlegende Arbeit von al-Farabi im arabischen Original (*al-Madina al-fadila*) mit einer englischen Übersetzung von Richard Walzer: *al-Farabi on the Perfect State*. Oxford 1985. Zu al-Farabi siehe auch Bassam Tibi: *Der wahre Imam. Der Islam von Mohammed bis zur Gegenwart*. München 1996, Kapitel 4.
2 Zur Stellung von Aristoteles in der islamischen politischen Philosophie siehe Charles E. Butterworth (Hg.): *The Political Aspects of Islamic Philosophy. Essays in Honor of Muhsin S. Mahdi*. Cambridge/Mass. 1992.

3 Leslie Lipson: *The Ethical Crises of Civilization*. Newbury Park/Cal. 1993, S. 62.

4 Maxime Rodinson: *La fascination de l'Islam*. Paris 1980.

5 Samuel P. Huntington: *The Clash of Civilizations and the Remaking of World Order*. New York 1996, Schlußkapitel.

6 Ali M. Djarischa und Mohammed Sh. Zaibaq: *Asalib al-ghazu al-fikri li'l alam al-Islami* (Methoden der intellektuellen Invasion der islamischen Welt). Kairo 1978.

7 Norman Daniel: *Islam and the West. The Making of an Image*. Oxford 1993.

8 Siehe den Bericht von S. Ahmed: »Ways to Avert Clash between Islam and the West Stressed«, in: *DAWN* (Karatschi), 27. Oktober 1995; sowie: »Cross-Cultural Talks for Peaceful Coexistence Urged«, in: *DAWN*, 26. Oktober 1995.

9 Siehe Bassam Tibi, in: *Is There a Clash of Cultures?* Karatschi 1998, S. 9–23; sowie das Gespräch des Autors mit Themina Ahmed: »The Clash of Civilizations was not Invented, but it was Used, Abused for Other Reasons«, in: *Newsline* (Karatschi), November 1995, S. 99–100.

10 Bassam Tibi: *Europa ohne Identität? Die Krise der multikulturellen Gesellschaft*. München 1998, Kapitel 9 und 10.

11 Zu den deutschen Tabus siehe Arnulf Baring: *Scheitert Deutschland?* Stuttgart 1997, S. 289 ff.

12 Zur Globalisierung siehe Barrie Axford: *The Global System*. New York 1995.

13 Siehe Clifford Geertz: *Dichte Beschreibung. Beiträge zum Verstehen kultureller Systeme*. Frankfurt/M. 1983; sowie Bassam Tibi: *Der Islam und das Problem der kulturellen Bewältigung sozialen Wandels*. 3. Auflage, Frankfurt/M. 1991

14 Bassam Tibi: *The Challenge of Fundamentalism. Political Islam and the New World Disorder*. Berkeley/Los Angeles 1998.

15 Siehe den Klassiker von David Apter: *The Politics of Modernization*. Chicago 1965.

16 Raymond Aron: *Paix et guerre entre les nations*. Paris 1962. Deutsche Übersetzung 1986.

17 Theodore H. von Laue: *World Revolution of Westernization*. New York 1987.

18 Hedley Bull: *The Anarchical Society. A Study of Order in World Politics*. New York 1977, S. 273.

19 Hedley Bull: »The Revolt against the West«, in: Hedley Bull und Adam Watson: *The Expansion of International Society*. Oxford 1984, S. 217–228.

20 Bassam Tibi: *Krieg der Zivilisationen*. Hamburg 1995. Eine erweiterte und überarbeitete zweite Auflage erschien 1998 in München.

21 Bassam Tibi: *The Challenge of Fundamentalism*, Kapitel 5.

22 Hedley Bull: *The Anarchical Society*, S. 13.

23 Siehe Bassam Tibi: »Islamic Law/Shari'a, Human Rights, Universal Morality and International Relations«, in: *Human Rights Quarterly* (John Hopkins University Press) Bd. 16, H. 2 (1994), S. 277–299; sowie einen älteren Aufsatz von Bassam Tibi: »The European Tradition of Human Rights and the Culture of Islam«, in: Abdullahi A. An-Na'im und Francis M. Deng (Hg.): *Human Rights in Africa*. Washington/D.C. 1990, S. 104–132. Siehe auch Bassam Tibi: »Islamic Shari'a and Human Rights – International Law and International Relations«, in: Tore Lindholm und Kari Vogt (Hg.): *Islamic Law Reform and Human Rights*. Oslo und Copenhagen 1993, S. 75–96.

24 Siehe Michèle Schmiegelow (Hg.): *Democracy in Asia*. New York 1997, hier das Kapitel von Bassam Tibi: *Democracy and Democratization in Islam*, S. 127–146.

25 Siehe die Fußnoten 8 und 9 sowie die Beiträge in Bahasa Indonesia von Bassam Tibi, Samuel P. Huntington und vielen indonesischen Autoren in: Nasir Tamara (Hg.): *Agam dan Dialog Antar Peradaban*. Jakarta 1996.

26 Benjamin Barber: *Jihad vs. McWorld*. New York 1996.

Masakazu Yamazaki
Der Zusammenstoß moralischer Wertsysteme
Eine ernste Krise, die unbedingt verhindert werden muß

Heute, da die Konfrontationen des kalten Krieges hinter uns liegen, erleben wir, wie sich ein neues Gegensatzpaar widerstreitender Prinzipien entwickelt: einerseits die Globalisierung der Finanzmärkte, die alle Grenzen überwinden, andererseits neu erstarkende Nationalstaaten, deren Prinzip wiederum Grenzen voraussetzt. Die Gegensätze vertiefen sich, und der Streit dreht sich um Wachstum und Verteilung des Reichtums; um Ethik des Wettbewerbs versus Ethik der Gleichheit; um die konkurrierenden Forderungen nach Freiheit und Stabilität; um die Gleichzeitigkeit von Gegenwart und Vergangenheit; um universelle Rationalität versus kulturelle Verschiedenheit.

Solange der Kommunismus eine Bedrohung war, versuchte der Kapitalismus, durch freien Wettbewerb größeren Reichtum anzuhäufen und diesen zugleich durch Umverteilung zu egalisieren. Die entschiedensten Befürworter des Kapitalismus waren Staaten, die einen fairen Marktwettbewerb garantierten und die Ungleichheit zwischen Gewinnern und Verlierern durch Steuern und eine Politik der sozialen Fürsorge zu verringern suchten.

Staaten wurden manchmal selbst zu Konkurrenten auf dem Weltmarkt; sie setzten Regulierungen

durch, die den internationalen Wettbewerb ein-
schränken und heimische Industrien schützen sollten. Immer schon bestand die Rolle des Nationalstaates darin, die eigenen Staatsbürger zu schützen
und einer übermäßigen Konkurrenz zwischen den
Staaten vorzubeugen. Doch was den Nationalstaat
vor allem anderen stärkte, war sicherlich der Druck,
den der Kommunismus ausübte.

Der Kommunismus hat versucht, Staaten aufzulösen: Die aus der Klassentheorie abgeleitete
internationale Arbeitersolidarität sollte nationale
Grenzen überwinden. Der Kapitalismus dagegen
brauchte die Ideologie des Staates, denn ihm ging es
darum, es erst gar nicht zu Klassengegensätzen
kommen zu lassen und die Arbeiter bei der Stange
zu halten. Ob Menschen zu einer Klasse oder zu
einem Staat gehörten, wurde im Kapitalismus zur
vorrangigen Frage, und der Kapitalismus tat, was
in seiner Macht stand, damit die Menschen sich als
Mitglieder des letzteren begriffen. Die Industrienationen des 20. Jahrhunderts verwarfen die universalistischen Ideen des Imperialismus, unterstützten
die Unabhängigkeit neuer Staaten und beförderten
die Sache der Demokratie, die zur gemeinsamen
Teilhabe am politischen Prozeß ermutigte. Sie wollten die Menschen durch Erziehung und Kulturpoli-
tiken psychologisch einen. Mit Kartellgesetzen und
progressiven Steuern wurden diejenigen in die
Schranken verwiesen, die mehr haben und sein
wollten als andere. Staatliche Fürsorgepolitik sollte
verhindern, daß irgend jemand allzuweit abrutsch-
te.

Ein ganz typisches, zugleich auch extremes Beispiel dieser Anstrengungen bietet das Japan der Nachkriegszeit. Das besiegte Japan verlor die Kraft, die es einst besessen hatte, um das japanische Volk zu einen. Die öffentliche Meinung war klar entlang der Fronten des kalten Krieges gespalten. In Fragen der Außenpolitik sowie der äußeren und inneren Sicherheit unterstützte ein Großteil der Nachrichtenmedien und etwa ein Drittel des japanischen Reichstages das östliche Lager. Die Sozialistische Partei Japans, die größte Oppositionspartei, erkannte die Legitimität der Selbstverteidigungskräfte nicht an, wies den Sicherheitsvertrag zwischen Japan und den USA vollkommen zurück und weigerte sich, die Existenz des Regimes in Seoul anzuerkennen, wie es die japanische Regierung getan hatte. Gleichzeitig konnte die Kommunistische Partei Japans, die für einen grundsätzlichen Sturz des Staatsapparates agitierte, legal operieren, und die Gewerkschaften fochten eine Reihe politischer Kämpfe aus. War das Nachkriegsdeutschland durch eine steinerne Mauer, so war Japan durch eine Mauer aus Papier geteilt (aus Zeitungen, politischen Broschüren usw.).

Mit ihrem politischen Kurs wollte die Regierung unbedingt ökonomische Gleichheit erreichen und Unruhen verhindern. Immer neue Versuche wurden unternommen, den ökonomischen Kuchen zu vergrößern und zu gewährleisten, daß dieser auch »fair« verteilt wurde. Sie versuchte japanische Unternehmen durch eine entsprechende Industriepolitik zu schützen und zu fördern. Zugleich hielt sie an stark progressiven Einkommens- und hohen Erbschaftssteuern fest, unterstützte die Bauern, indem sie die Reispreise auf hohem Niveau hielt und entsprechende Förderprogramme auflegte. Mit öffentlichen Aufträgen wurde die Beschäftigungsrate stabilisiert. Man hielt Firmenbankrotte und besonders den Zusammenbruch von Finanzinstituten für Auslöser sozialer Unruhen, also wurde die administrative Steuerung verstärkt, um solche Zusammenbrüche zu verhindern. Die Unternehmen selbst wollten mit quasi familiären Strukturen einen Ausgleich schaffen zwischen Betriebsleitung und Arbeiterschaft. Darum sorgte man für lebenslange Beschäftigung und etablierte ein Lohnsystem, das auf Altersstufen beruhte. Und die Geschäftspolitik wurde so entwickelt, daß bei Managemententscheidungen die Stimme der Angestellten Vorrang hatte vor der der Investoren.

Dies schuf eine ganz eigenartige Gesellschaft. Man hatte einen extrem großen Regierungsapparat, aber die Regierung zeigte wenig politische Führung. Sie sorgte für ihre Bürger, übte aber wenig elterliche Autorität aus. Politiker wurden eher wegen ihrer Fähigkeit respektiert, zu schlichten und Kompromisse zu schließen, als wegen eines mutigen Führungsstils und visionärer Entscheidungen. Man suchte Konfrontationen zu vermeiden, also wurde es äußerst zeitraubend, bis schließlich Entscheidungen gefunden waren. Japan schreckte auch zunehmend davor zurück, in der internationalen Politik eine Führungsrolle zu übernehmen. Regulierungen zur Zügelung des Wirtschaftswettbewerbs nahmen zu, aber die Regierung bemühte sich darum, ihre Autorität nicht deutlich werden zu lassen. Macht und Verantwortlichkeit wurden verteilt, und eine gesichtslose bürokratische Struktur begann zu wuchern.

Das japanische System wurde dafür entwickelt, den Kommunismus abzuwehren. Und als dieser zusammenbrach, scheiterte es: Es war unfähig, sich diesem Wandel anzupassen. Deutschland, wo eine steinerne Mauer zu Fall gebracht worden war, stand vor der Herausforderung, das Volk wieder zu vereinigen und den Menschen in Ost- und Westdeutschland Gleichheit zu bringen. Japan dagegen war mit dem Fall der Papiermauer vor die Herausforderung gestellt, die überstarke Einheit des Volkes aufzulösen und Individualisierung zu fördern. Beide Aufgaben sind schwierig; doch ist es fast ein Widerspruch in sich, die Einheit des Volkes durch staatliche Führung zu schwächen. Die Systemreformen, die bis jetzt durchgeführt wurden – Öffnung der japanischen Märkte für den internationalen Wettbewerb, Lockerung der Regulierungen und Verschlankung der administrativen Strukturen – benötigen viel Zeit, bis sie greifen. Noch schwieriger ist es, die Ethik eines ganzen Volks zu reformieren. Japan sieht einer langen Anstrengung entgegen. Es muß die Wertorientierung eines ganzen Volkes verschieben: von der Gleichheit weg, hin zum Wettbewerb. Es geht darum, Anreize zu schaffen für Selbstverantwortung und persönliche Entscheidung. Auch darum, Kreativität und Entfaltung des einzelnen über den Ausgleich mit anderen zu stellen und den

Respekt für Führungsaufgaben und den Geist des *noblesse oblige* wiederherzustellen.

Der übrigen Welt aber stellt sich nach dem Ende des kalten Kriegs ein grundlegendes Problem, das den Schwierigkeiten, denen sich Japan konfrontiert sieht, genau entgegengesetzt ist. Vielleicht zum ersten Mal seit Entstehung des Nationalstaates gerät nun und immer mehr der Kapitalismus, und nicht mehr der Kommunismus, mit dem Staat in Konflikt. Unternehmenskonglomerate werden zu globalen Einheiten, deren Produktionsstätten über viele Länder verteilt sind. Wenn eine Nation ihre Steuern erhöht oder ihre Regulierungen verschärft, haben diese Unternehmen die Möglichkeit, ihre Produktionsstätten einfach an andere Orte zu verlegen; man kann sogar die Nationalität des Mutterunternehmens ändern. Unternehmen werden von dort fliehen, wo der indirekte Einfluß der Regierungspolitik die öffentliche Ordnung verfallen oder die Löhne in die Höhe schießen läßt. Unternehmen heute brauchen staatlichen Schutz, aber sie haben nun auch genug Macht, Regierungen zu zwingen, diesen Schutz sicherzustellen. Die Entscheidung eines Unternehmens, sich in einem bestimmten Land anzusiedeln, kann die Politik dieses Landes enorm beeinflussen.

Geht es um internationale Finanzgeschäfte, dann ist es einem Unternehmen sogar möglich, direkt gegen die Interessen eines Staates zu handeln. Ein weithin bekanntes Beispiel ist der Kampf, den ein aggressiver Hedgefond gegen die Bank of England geführt und gewonnen hat, indem er das Pfund niederzwang und Profit daraus schlug. Später machte sich kurzfristig angelegtes Kapital über die asiatischen Ökonomien her. Und als die spekulativen Seifenblasen platzten, darüber Regierungen stürzten, kam es zur bislang größten Rezession, nicht nur in dieser Region. Selbst die Vereinigten Staaten bekamen zu spüren, was es bedeutet, wenn ein Hedgefonds Großbanken in Bedrängnis, die Volkswirtschaft in Gefahr bringt und die Regierung erschüttert.

Die internationalen Finanzmärkte haben durchaus Ähnlichkeiten mit dem Kommunismus alter Art. Sie greifen Fehler des staatlichen Wirtschaftsmanagements an, zwingen die Regierungen dazu, ihre Politik zu verbessern, und bringen diese Regierungen manchmal sogar zu Fall. Anders als der Kommunismus sind diese Märkte viel gefährlicher, denn die tatsächlichen Akteure sind unsichtbar: Sie sitzen nicht auf Panzern, sondern irgendwo an ihren Computern und operieren von dort aus.

Und mit diesem neuen Feind konfrontiert, wird der Nationalstaat zugleich von einer Seuche heimgesucht, die so alt ist wie die Geschichte, nämlich von der Kluft zwischen Reich und Arm; eine Kluft, die der Kommunismus auszumerzen versprach. Daß dieser daran scheiterte, verschärft das Problem nur. Denn diese Kluft stellt Bürger gegen Bürger, sie befördert darüber hinaus Kriege und Konflikte zwischen Staaten und Rassen. An die Stelle des Kommunismus, der die auf materieller Ungleichheit basierende Zwietracht noch schürte und den Kampf gegen die Ungleichheit als Kampf der Ideologien darstellte, treten heute Ethnizismus und religiöser Fundamentalismus. Die Kräfte, die in dem sogenannten Zusammenstoß der Zivilisationen (Huntingtons »Clash of Civilizations«) aktiv sind, sind in Wirklichkeit Menschen, die sich der Armut widersetzen: Das gilt für den Kampf zwischen Islam und Hinduismus ebenso wie für den modernen Panslawismus oder den Bürgerkrieg zwischen den Protestanten und Katholiken Irlands.

Unterschiede in Religion und Lebensgewohnheiten sind so lange keine Ursache für Zusammenstöße, wie sie nicht mit dem Gegensatz zwischen Reich und Arm verbunden werden. In vielen ostasiatischen Nationen können Konfuzianismus, Buddhismus, Islam und Christentum friedlich koexistieren. Ein erstes Beispiel für einen Kampf zwischen Reichen und Armen, der ein Zusammenstoß der Zivilisationen zu sein schien, war die Black-Muslim-Bewegung in den Vereinigten Staaten. Die ethnischen Aufstände in Indonesien von 1998 waren das Ergebnis internationaler Finanztransaktionen, die die Volkswirtschaften in Turbulenzen versetzt hatten und dadurch die Ungleichheit zwischen den armen Muslimen und reichen Chinesen in Indonesien noch verstärkten. Faschisten, die gewaltsame Aktionen anzetteln, nutzen stets Verbitterung und Ressentiment der materiell Benachteiligten und finden flammende Worte, um die Situation zur Explosion zu bringen. Wer vom »Zusammenstoß der Zivilisationen« redet, gibt solchen Akteuren ein Argument an die Hand, das zu einer sich selbst erfüllenden Prophezeiung werden kann.

Funktionierende Marktprinzipien sorgen für eine Vermehrung des Reichtums in der Welt, zugleich kritisieren und korrigieren sie die falsche Wirtschaftspolitik einer Nation. Japan, Südkorea und Thailand beginnen derzeit, vom Markt zu lernen. Allerdings dürfen wir nicht vergessen, daß Märkte gerade die Macht nicht haben, die Kluft zwischen den Reichen und den Armen zu verkleinern. Eher steht zu erwarten, daß die Märkte diese Kluft vergrößern. Und ein noch viel größeres Handikap wird vom Vertrauen in die selbstregulierende Kraft des Marktes verschleiert: Märkte können ihre Funktion nur im Hier und Jetzt der Gegenwart entfalten, der Vergangenheit oder der Zukunft gegenüber sind sie blind. Märkte gehen über kulturelle Traditionen hinweg, die die Menschen verbinden und ihnen einen stabilen Sinn dafür geben, daß sie zusammengehören. Und weil jeder Akteur auf einem Markt im Preiskampf bestehen muß, ermutigt die Rationalität der Märkte dazu, Ressourcen für die Zukunft zu verschwenden und die Umwelt zu schädigen. Nationalstaaten, Allianzen von Staaten wie die Europäische Union oder staatlich unterstützte und private Nonprofitgruppen sind in der Lage, diese Marktdefekte in absehbarer Zukunft zu bereinigen; andere Gegenkräfte gibt es nicht.

Staaten haben zwei Gesichter: Sie sind zum einen rationale, auf Gesetzen und Systemen beruhende Organisationen und verhalten sich zum anderen als Gemeinschaften, die auf einer Kultur basieren. Sie mögen sich, der Rationalität der Märkte folgend, vollkommen öffnen, zugleich bleiben sie geschlossene Einheiten, weil sie auf den Gewohnheiten und einer gemeinsamen Identität ihrer Bürger basieren. Staaten haben sichtbare Führer, und die Menschen können an der Leitung des Staates partizipieren. Nur vor dem Hintergrund dieser gemeinsamen Identität und dem von allen geteilten Sinn für Partizipation kann das nationale Einkommen friedlich umverteilt werden; ein Prozeß, der gerade wegen der Rationalität staatlicher Systeme von den Staaten auch effektiv gestaltet werden kann. Geht man davon aus, daß es eine Grenze des menschlichen Reichtums gibt und daß dieser nicht in einem Augenblick angehäuft werden kann, dann erscheint die gegenwärtige Methode der Umverteilung durch gegenseitige Hilfe der Staaten der aussichtsreichste Weg hin zu globaler Gleichheit zu sein. Außerdem können Kontinuität und Identität der Staaten die Fähigkeit der Menschen fördern, über ihre jeweilige Geschichte nachzudenken. So könnte sich nicht nur ein Bewußtsein für die Vielfalt kultureller Traditionen der Menschheit insgesamt entwickeln, das auf ethischen Grundlagen ruht, sondern auch der Blick für das Glück zukünftiger Generationen.

Jane Jacobs hat in *Systems of Survival. A Dialogue on the Moral Foundations of Commerce and Politics* dargelegt, daß die Menschen zwei moralische Systeme kennen, eine Wirtschaftsethik und eine politische Ethik. Dringen diese Ethiken in das Territorium der jeweils anderen ein, wird also Politik durch die Wirtschaftsethik beeinflußt oder wirtschaftliches Handeln durch die politische Ethik, kommt es zu allen möglichen Formen von Verwirrung und Ungerechtigkeit. Auf unser Argument übertragen, können wir die erste als Marktethik und die letztere als Staatsethik bezeichnen. In der Vergangenheit hielt Japan zweifellos zu sehr an einer Staatsethik fest und konnte deshalb nicht auf die Trends des Weltmarktes reagieren. Würde jedoch umgekehrt die gegenwärtige Marktethik zur einzigen Handlungsnorm und würden sich die Staaten nur an dieser orientieren, dann würde das Leiden vieler Menschen nur noch größer werden.

Der illusorische Universalismus des Kommunismus ist verschwunden, und die Menschheit sieht sich nun mit der Herausforderung des praktischen Universalismus der Märkte und ihrer Rationalität konfrontiert. Wenn wir dieser Herausforderung begegnen wollen, dann kann es nicht darum gehen, Zivilisationen zu verteidigen (nicht einmal die westliche mit all ihren Großartigkeiten) – die nur eine andere Form des Universalismus sind –, sondern nur darum, solche Institutionen zu erhalten, die den Pluralismus menschlicher Lebensstile effektiv garantieren können. Und das sind zum gegenwärtigen historischen Zeitpunkt Nationalstaaten und die Allianzen zwischen ihnen.

Zu den Autoren

Roman Herzog, Bundespräsident a. D., war Professor für Staatswissenschaften und Rektor der renommierten Hochschule für Verwaltungswissenschaften in Speyer. Von 1987 bis 1994 war er Präsident des Bundesverfassungsgerichts, anschließend bis 1999 Bundespräsident der Bundesrepublik Deutschland. Er gilt als einer der international anerkanntesten Rechtswissenschaftler und bedeutendsten Staatsmänner Europas.

Amitai Etzioni hat eine Professur an der George Washington University inne. Er war Präsident der American Sociological Association und Berater im Weißen Haus sowie Begründer des Communitarian Network. Seine letzten Veröffentlichungen sind *The New Golden Rule* und *The Limits of Privacy.*

Hans Küng ist Präsident der Stiftung »Weltethos« in Tübingen/Zürich. Er ist emeritierter Professor für Theologie an der Universität Tübingen und war weltweit Gastdozent an zahlreichen Universitäten. Unter anderem veröffentlichte er *Projekt Weltethos* und *Das Christentum und die Weltreligionen.*

Helmut Schmidt, Bundeskanzler a. D., ist seit 1983 Mitherausgeber der Wochenzeitung »Die Zeit«. Er veröffentlichte zuletzt *Globalisierung, Auf der Suche nach einer öffentlichen Moral. Deutschland vor dem neuen Jahrthundert* sowie *Erkundungen. Beiträge zum Verständnis unserer Welt.*

Henrik Schmiegelow ist Leiter der Außenabteilung des Bundespräsidialamts. Seine Veröffentlichungen befassen sich mit dem Verhältnis von Theorie und Praxis in Politik und Wirtschaft. Er veröffentlichte, zusammen mit Michèle Schmiegelow, *Strategic Pragmatism: Japanese Lessons in the Use of Economic Theory.*

Theo Sommer ist seit 1992 Mitherausgeber der Wochenzeitung »Die Zeit«. Neben zahlreichen Aufsätzen und Artikeln zur Außenpolitk veröffentlichte er zuletzt *Europa im 21. Jahrhundert* (Hg.) und *Der Zukunft entgegen.*

Bassam Tibi ist Professor für Internationale Beziehungen an der Universität Göttingen und hat eine Forschungsprofessur in Harvard inne. Zu seinen aktuellen Veröffentlichungen gehören *Pulverfaß Nahost, Europa ohne Identität* und *Die neue Weltordnung.*

Masakazu Yamazaki ist Professor an der East Asia University in Shimonoseki, Direktor der Suntory Foundation sowie Dramatiker und Literaturkritiker. Unter anderem veröffentlichte er die soziologische Studie *Individualism and the Japanese.*